本专著获得中央高校基本科研业务费专项资金资助

经济政策变化对企业绿色创新绩效的影响机制

苗 鑫 冯恩惠 著

中国财经出版传媒集团
中国财政经济出版社
·北京·

图书在版编目（CIP）数据

经济政策变化对企业绿色创新绩效的影响机制／苗鑫，冯恩惠著．——北京：中国财政经济出版社，2025.5．——ISBN 978－7－5223－3935－1

Ⅰ．F279.23

中国国家版本馆 CIP 数据核字第 20251G2W33 号

责任编辑：彭　波　　　　　责任校对：张　凡
责任印制：史大鹏

经济政策变化对企业绿色创新绩效的影响机制
JINGJI ZHENGCE BIANHUA DUI QIYE LÜSE
CHUANGXIN JIXIAO DE YINGXIANG JIZHI

中国财政经济出版社 出版

URL：http：//www.cfeph.cn

E－mail：cfeph@cfeph.cn

（版权所有　翻印必究）

社址：北京市海淀区阜成路甲 28 号　邮政编码：100142

营销中心电话：010－88191522

天猫网店：中国财政经济出版社旗舰店

网址：https：//zgczjjcbs.tmall.com

涿州汇美亿浓印刷有限公司印刷　各地新华书店经销

成品尺寸：170mm×240mm　16 开　11.5 印张　166 000 字

2025 年 5 月第 1 版　2025 年 5 月河北第 1 次印刷

定价：78.00 元

ISBN 978－7－5223－3935－1

（图书出现印装问题，本社负责调换，电话：010－88190548）

本社图书质量投诉电话：010－88190744

打击盗版举报热线：010－88191661　　QQ：2242791300

前　　言

全球环境问题的日益严峻,使绿色创新成为推动经济可持续发展的内在需求和关键因素。在这一背景下,政府和企业正以政策供给与战略调整来驱动绿色创新。本书聚焦于经济政策变化对企业绿色创新绩效的影响机制,旨在为该领域提供理论和实践参考。

近年来,全球经济面临着诸多不确定性因素,如美国加征关税、俄乌冲突、新冠疫情以及日本核污水排海等。为了应对这些事件对经济的冲击,中国政府频繁出台或调整经济政策,以维持经济的健康、稳定、可持续发展。在此背景下,绿色创新作为推动经济高质量发展的关键手段,其受经济政策变化的影响显著。然而,现有研究主要关注单一政策(如环境政策或产业政策)对企业绿色创新的直接影响,而对政策动态变化如何通过复杂机制作用于企业绿色创新尚缺乏深入探讨。深入研究经济政策变化对企业绿色创新绩效的影响机制,具有重要的理论和实践意义。

本书通过构建"制度驱动—战略响应—动态演化"的分析框架,深入探讨经济政策变化对企业绿色创新绩效的影响机制。包括:解构制度逻辑交互机制,揭示政策变动情境下政府规制逻辑与市场竞争逻辑的协同演化规律;解析战略变革传导机理,构建环境感知—战略重构—绩效产出的中介链条;识别多重调节边界条件,建立认知—资源双元调节模型;揭示动态演化阈值规律,刻画政策变化的时滞效应与累积效应。

通过以上研究，本书不仅能够丰富制度复杂性理论、战略变革过程理论和权变理论的情景化框架，还可为政府科学评估政策实施效果、优化资源配置以及完善绿色发展政策体系提供参考，也可为企业识别和研判政策变化趋势提供理论依据，助力企业灵活调整发展战略、优化发展方式、合理配置资源以提升绿色创新绩效。

作　者

2025 年 5 月

目　　录

第1章　绪论 …………………………………………………………… 1

　　1.1　研究背景及问题提出 …………………………………………… 1
　　1.2　研究目的及研究意义 …………………………………………… 4
　　1.3　国内外研究现状及评述 ………………………………………… 6
　　1.4　研究内容与研究方法 …………………………………………… 18

第2章　经济政策变化对企业绿色创新绩效影响的理论基础 ……… 22

　　2.1　相关概念界定 …………………………………………………… 22
　　2.2　相关理论基础 …………………………………………………… 31
　　2.3　经济政策变化对企业绿色创新绩效影响机制模型
　　　　 与理论框架 ……………………………………………………… 37
　　2.4　本章小结 ………………………………………………………… 43

第3章　经济政策变化对企业绿色创新绩效影响的路径 …………… 44

　　3.1　经济政策变化对企业绿色创新绩效的直接影响 ……………… 44
　　3.2　经济政策变化对企业绿色创新绩效影响的中介路径 ………… 47
　　3.3　实证分析 ………………………………………………………… 51
　　3.4　结果讨论 ………………………………………………………… 72
　　3.5　本章小结 ………………………………………………………… 74

第 4 章　经济政策变化对企业绿色创新绩效影响的权变效应 …………… 75

  4.1　管理者认知特征的权变效应 …………………………………… 75
  4.2　制度性资源要素的权变效应 …………………………………… 78
  4.3　实证分析 ………………………………………………………… 86
  4.4　结果讨论 ……………………………………………………… 102
  4.5　本章小结 ……………………………………………………… 105

第 5 章　经济政策变化对企业绿色创新绩效影响的动态过程 …………… 106

  5.1　经济政策变化影响企业绿色创新绩效的综合模型
    与动态机制 ……………………………………………………… 106
  5.2　仿真模型构建 ………………………………………………… 111
  5.3　仿真分析 ……………………………………………………… 117
  5.4　结果讨论 ……………………………………………………… 125
  5.5　本章小结 ……………………………………………………… 127

第 6 章　经济政策变化下企业绿色创新绩效提升的对策建议 …………… 128

  6.1　宏观制度优化 ………………………………………………… 128
  6.2　企业能力建设与资源协同 …………………………………… 134
  6.3　管理者行为调节 ……………………………………………… 139
  6.4　本章小结 ……………………………………………………… 143

第 7 章　结论 ……………………………………………………………… 144

参考文献 …………………………………………………………………… 147

第 1 章

绪　　论

1.1　研究背景及问题提出

1.1.1　研究背景

20世纪下半叶以来，中国通过持续深化改革开放，完成了从传统农业社会向现代工业社会的历史性转型，实现了工业化体系构建、城市化率跨越式提升及现代化进程的全面推进，已成长为全球第二大经济体和最具影响力的新兴市场之一。在全球"百年未有之大变局"的加速演变下，中国已经进入了一个战略机遇与风险挑战共存的关键阶段[1]（人民网，2024）。世界银行数据显示，2021年、2022年和2024年，我国GDP总量相继突破"110万亿元""120万亿元""130万亿元"大关。然而，近年我国GDP增速有所下降。2000~2008年，我国GDP每年平均增长达10%，其中2007年增速高达14.2%，而近五年的增速分别为2020年的2.3%、2021年的8.4%、2022年的3.0%、2023年的5.4%、2024年的5%。经济增速的放缓受全球性新冠疫情等多重因素影响，但根本原因在于传统的经济增长模式、动力和方法路径已无法适应新要求。在经济发展初期阶段，我国依赖粗放型增长模式实现了快速扩张，但这一路径导致能源资源利用效率低下与生态环境系统失衡。具体表现为：能源消耗强度居高不下，污染物排放超出环境承载阈值，生态系统服务功能持续退化。这种发展模式与生态容量的结构性矛盾，已演变为制约经济社会可持续发展的重要瓶颈。基于生态文明建设战略框架，推动经济增长方式根本性转型具有历史必然性。亟需构建绿色低碳循环发展体系，通过技术创新驱动和制度变革，实现从要素投入驱动向创新效能驱动、从资源消耗型向生态友好型的范式转换。这一转型过程不仅涉及产业结构的深度调整，更需要建立全要素生产率提升与环境成本内部化的协同机制，方能达成经济系统与生态系统的动态平衡，最终实现高质量发展目标。为了促进生态环境与经济的协调发展，2020年中国提出了2030年前碳达峰、2060年前碳中和目标[2]（人民网，2020）。这一承诺标志着中国在全球气候治理中从"贡献者"向"引领者"转变，也为国内经济绿色转型注入了新的动力。然而，绿色转型是一项复杂的系统工程，不仅需要技术、产业、资源等方面的深度变革，也受到内外部经济环境的深刻影响。

近年来，我国经济发展环境面临前所未有的复杂性，内外部环境的深刻变化对经济政策的制定与实施带来了巨大挑战。在国际方面，自2008年全球金融危机以来，世界经济、科技、文化、安全、政治等领域频繁动荡，诸如新冠疫情、俄乌冲突以及美国加征关税等一系列国际事件，增加了世界经济发展的风险和不确定性。内外双重压力使我国经济社会的稳定性面临前所未有的挑战和考验[3]。为此，我国政府实施了多项重要的宏观调控举措，适时调整经济政策，以应对国内外复杂的经济环境动荡[4]。这些经济政策的调整和实施对促进经济平稳起到了重要作用，缓解了世界经济低迷、国际贸易和投资大幅萎缩对我国经济的负面冲击，也在客观上加剧了我国经济政策的波动[5]。今后一个时期，面对国内外经济发展环境中各种复杂严峻的挑战，我国经济政策变化预期还会攀升。在这一背景下，推动经济社会全面绿色发展转型是中国建设生态文明、构建和谐社会的必然要求。

绿色技术创新是实现"双碳"目标和推动经济高质量发展的关键路径。绿色创新不仅可以显著降低资源消耗和环境污染，还能推动技术进步和产业转型，为经济发展注入持续动力[6]。然而，绿色技术创新具有研发周期长、成本高、外部性强等特点，使得企业在推进相关技术研发和应用时面临诸多挑战[7]。这些挑战不仅源于绿色创新自身的技术和市场特性，更与外部环境变化密切相关[8]。经济政策变化反映了政策目标、手段和执行路径的变化,对企业的投资决策和创新行为具有重要影响[9]。政策变化可能影响企业对未来的预期,影响其资源配置和研发投入[10]。然而,现有研究主要集中于单一政策（如环境政策或产业政策）对企业绿色创新的直接影响[11],而对政策动态变化如何通过复杂机制作用于企业绿色创新尚缺乏深入探讨。因此,本书探究经济政策变化对企业绿色创新绩效的作用路径与影响机制,提出优化政策设计与实施来促进绿色创新的政策建议,为实现"双碳"目标和推动高质量发展提供决策参考。

1.1.2 问题提出

尽管经济政策调整的初衷是维持经济稳定发展,但政策调整可能会对市场主体的认知与行为造成影响,从而影响市场运行的稳定性。尤其是在当前全球经济不确定性加剧和绿色转型任务紧迫的背景下,经济政策调整不仅需要平衡短期经济增长与市场稳定,还需要关注其对长期绿色技术创新导向的潜在影响。因此,如何在推动经济增长的同时,确保经济政策调整有效激励绿色创新,成为制定经济政策时需要关注的问题。深入探讨经济政策变化对企业绿色创新绩效的影响机制具有重要的理论和实践价值。鉴于此,本书围绕以下三个关键议题展开:第一,经济政策变化对企业绿色创新绩效的具体影响路径是什么,其作用的内在机理如何？第二,在经济政策变化影响企业绿色创新绩效的过程中,哪些情境因素发挥了作用,这些因素如何强化或弱化这种影响？第三,经济政策变化对企业绿色创新绩效的动态作用是什么,其影响是否随时间变化而呈现出规律性特征？

本书围绕核心问题,揭示政策动态变化对经济主体行为的影响规律,为政府科学评估政策实施效果、优化资源配置以及完善绿色发展政策体系提供参考。通过阐明政策环境变化与绿色创新绩效之间的作用机制,为推动经济社会全面绿色转型及高质量发展提供理论支撑和决策参考。这有助于形成科学合理的政策工具,促进社会、经济与环境效益的有机统一。此外,研究结果还为企业准确识别和研判政策变化趋势提供了理论依据,有助于企业灵活调整发展战略、优化发展方式、合理配置资源,以进一步提升绿色创新绩效。总体而言,本书立足于绿色创新驱动高质量发展的时代背景,为企业在可持续发展中把握战略机遇提供实践参考,也为推动我国实现经济社会全面绿色转型发展贡献理论和决策参考,具有学术价值与现实意义。

1.2 研究目的及研究意义

1.2.1 研究目的

在制度复杂性加剧的转型经济背景下,政府主导的政策变迁对企业战略行为产生双重影响:一方面通过规制压力倒逼企业履行环境责任,另一方面通过市场机制重塑创新激励结构[12]。这一制度情境下,绿色创新作为兼具公共属性与商业价值的战略选择,其驱动机制呈现显著的制度嵌入性特征[13]。现有研究虽已关注到经济政策变化与企业创新的一般关联[14],但对以下关键缺口尚未形成系统性解答:(1)政策变化如何通过制度逻辑的交互作用影响绿色创新的战略价值;(2)组织层面的战略变革如何中介政策环境与企业绿色创新绩效的动态关系;(3)管理者认知与制度资源如何构成政策效应传导的边界条件;(4)政策变化影响绿色创新的非线性演化规律。

基于此,本书构建"制度驱动—战略响应—动态演化"的三维分析框架,通过整合制度逻辑理论、战略变革理论与复杂系统理论,综合运用混合研究方法展开递进式探究。具体研究目标包括:

(1)解构制度逻辑交互机制。突破传统"政府—市场"二元对立视角,基于制度逻辑理论的整合框架,揭示政策变化情境下政府规制逻辑与市场竞争逻辑的协同演化规律,阐明双重制度压力对企业绿色创新战略定位的形塑路径。

(2)解析战略变革传导机理。采用过程视角构建"环境感知—战略重构—绩效产出"的中介链条,揭示组织战略柔性在政策变化与绿色创新绩效间的传导机制,破解制度环境动态性影响企业绿色转型的过程"黑箱"。

（3）识别多重调节边界条件：建立"认知—资源"双元调节模型，结合高阶理论解析管理者环境注意力配置的认知调节效应，基于资源依赖理论阐释政府补贴等制度性资源的二次调节作用，构建多层次的情境化解释框架。

（4）揭示动态演化阈值规律。运用系统动力学模型刻画政策变化的时滞效应与累积效应，通过仿真实验识别绿色创新系统的临界转换点，建立政策干预的动态预警策略。

1.2.2 研究意义

（1）理论意义。

第一，拓展制度复杂性理论的应用边界。突破传统制度分析中单一逻辑主导的研究范式，提出制度逻辑耦合新视角，揭示政策变化情境下多重制度逻辑的协同演化规律。通过构建政府规制压力与市场效率诉求的动态平衡模型，为转型经济体的制度复杂性研究提供新的理论解释。

第二，完善战略变革的过程理论。建立"环境注意—战略选择—能力重构"的三阶段传导模型，将时间维度引入战略变革研究，揭示组织战略在制度环境与绿色创新间的中介机制，弥补传统战略管理研究对变革过程动态性的忽视。

第三，发展权变理论的情景化框架。整合认知学派与资源学派理论，构建"管理者注意力—制度资源"的嵌套调节模型。拓展高阶梯队理论的解释维度，通过揭示认知要素与资源要素的交互效应为权变理论在可持续创新领域的研究提供新的分析工具。

（2）实践意义。

第一，政策设计的动态优化。通过识别政策变化的"双刃剑"效应，为政府建立差异化、动态化、精准化的政策工具箱提供依据。

第二，企业战略的适应性管理。提出制度敏感型战略管理框架，指导企业建立：动态环境扫描系统，提升政策信号捕捉能力；战略柔性储备机制，增强绿色技术组合的模块化设计；政企生态协同平台，优化制度资源的战略配置效率。

第三，管理者决策的认知升级。提出"环境注意力—战略前瞻性"双维测评，有助于企业识别管理者认知偏差，提升决策团队在复杂制度环境下的战略预见能力，建立政策变化—绿色创新的机遇转化机制。

1.3 国内外研究现状及评述

1.3.1 企业绿色创新绩效影响因素的相关研究

绿色创新具有生态和经济双重导向的共生关系，能够同时提升生态效益和经济效益，从而实现资源的最优配置[14]。因此，应倡导企业践行"和谐共生"的可持续发展战略，通过多种手段积极提高绿色创新绩效[15]。鉴于企业绿色创新绩效对社会经济发展和生态环境改善的重要作用，学者们对其影响因素进行了广泛研究，包括内外两个方面。

1.3.1.1 外部影响因素

既有文献多基于利益相关者理论或制度理论，分析外部因素对企业绿色创新绩效的影响，从政策规制压力[16,17]和利益相关者压力[18,19]两个方面进行了探讨。

政策规制压力源自政府颁布和执行的环境保护法律法规，这些法规对企业的环境行为进行约束和规范。鉴于绿色创新具有"双重外部性"的特征，企业通常缺乏自发进行绿色创新的动力[14]。因此，政府需要通过制定和实施环境规制来减少污染、保护生态系统，并推动企业采用更环保的生产方式，从而最终提升企业的绿色创新绩效[11]。Berrone 等（2013）指出，环境政策通过严格的污染控制和激励措施，促使企业加大绿色技术研发和环保投资，从而显著提升企业的绿色创新绩效[16]。首先，强制性环境政策通过设立工艺技术规范、控制污染排放量和排放方式等措施来规范企业的生产和经营活动，促使企业改进现有技术、采用新型环保材料以及优化生产流程，从而提升其绿色创新绩效[17]。Kesidou 和 Wu（2020）

指出,"十一五"规划后更加严格的政策监管不仅降低了环境污染,还推动了制造业的绿色创新转化与绩效产出[20]。Chen和Zhan(2022)基于威慑理论研究企业绿色创新绩效,发现高额罚款、生产限制或停业整顿等环境行政处罚显著促进了同行业企业的绿色创新绩效[21]。其次,市场激励型环境规制通过绿色信贷、税收优惠和财政补贴等政策措施,积极促进企业绿色创新绩效的提升。Irfan等(2022)检验了绿色金融政策的作用,通过研究发现,绿色信贷政策可有效减轻企业的外部融资限制,为绿色创新研发注入资金助力,从而有助于提高绿色创新绩效[22]。Stucki等(2018)以奥地利、德国和瑞士企业为研究对象,认为税收优惠和资金补贴有效提高了企业绿色创新的意愿,对绿色创新绩效的提升有正向影响[23]。最后,现有研究指出自愿型环境规制的灵活性和自主性,降低了企业环保行为的信息不对称,促进了研发资金投入从而提升了企业绿色创新绩效[24]。任胜钢等(2018)将ISO14001标准作为自愿型环境规制的代表,基于利益相关者理论和自然基础观理论认为自愿型环境规制促进了企业绿色创新绩效[25]。

根据利益相关者理论,消费者、竞争者和供应商对生态环境的重视是推动企业绿色技术创新的重要因素[19]。Fernando和Wah(2017)的研究指出,企业在采取绿色创新时,不仅要考虑政府的约束,还要关注市场导向的因素[26]。首先,消费者通过产品购买选择权来对企业的绿色创新绩效施加影响。随着公众环保意识的不断增强,消费者对环境友好型产品的偏好也在增加,导致绿色产品的市场需求不断攀升[27]。一方面,企业为了争取更多的市场份额,通过绿色创新在竞争激烈的市场中脱颖而出,并塑造良好的绿色品牌形象和美誉度,从而能够以溢价销售产品,形成独特的产品差异化优势[28]。另一方面,消费者对绿色产品和服务需求的增长缓解了企业的创新顾虑,增强了企业投资绿色创新的信心,并明确了市场导向,从而激励企业不断推出环保产品和服务,提升绿色创新的积极性和投入力度[14]。其次,处于同一市场的竞争者会间接影响企业的绿色创新绩效[29]。Zhao等(2021)的研究指出,企业通常将竞争对手的成功归因于其战略行为,并效仿其策略和行动,以防止自身竞争力的下降[18]。Gu(2024)对中国上市公司研究表明，同行业企业的竞争压力也是提升绿色创新绩效以实现节能减排目标的重要驱动力[30]。最后，供应商对环保行为的要求通常会推动整个供应链企业采取统一的绿色创新举措。李勃等（2020）从资源动员视角出发，指出供应商的参与提升了企业绿色创新绩效[31]。Cheng（2020）的研究表明，绿色供应商作为知识来源和共同决策者可以增强企业的可持续发展取向，带动企业获得更高的绿色创新绩效[32]。此外，Chen等（2022）的研究进一步扩展了利益相关者理论，认为媒体也是影响企业绿色创新绩效的重要利益相关者，其对环境问题的关注激发了企业维护社会声誉的动机，促使企业增加在绿色技术创新上的投入，从而显著提升了绿色创新绩效[33]。

1.3.1.2 企业绿色创新绩效的内部影响因素

现有研究关于企业绿色创新绩效的内部驱动因素主要包括企业的组织资源与能力和背景结构与特征。企业的异质性资源和能力是推动绿色创新并取得竞争优势的基础[34]。Buysse和Alain（2003）发现，当企业资源匮乏时，只能实施满足环境规制要求的基础环境措施，更高层次的污染预防和节能的绿色创新需要更充足的资源[35]。Horbach（2012）在识别创新驱动要素后指出，技术工艺、知识信息和网络关系等资源对绿色创新绩效起到积极的推动作用[36]。曹翠珍和冯娇龙（2022）的研究发现，只有当企业拥有超出日常运营需求的冗余资源时，才能持续进行绿色产品研发、市场开拓和流程改进，从而提升绿色创新绩效[37]。于飞等（2021）从多样化和专业化两个维度研究企业知识资源，发现多元化知识基础为绿色技术创新提供灵活选择，而专业化知识基础提高了知识筛选、组合和利用的效率，均对绿色创新绩效有积极影响[38]。Duan等（2022）基于社会网络理论发现，紧密的关系也是一种独特资源，不仅显著加深了成员之间的相互信任，还有效促进了环保信息和知识等关键资源的共享与流动，从而提升绿色创新绩效[39]。另外，一些研究者从能力视角出发，揭示了动态能力、学习能力以及数字化能力等因素的影响。Singh等（2022）研究了制造业中小企业，发现动态能力帮助企业利用现有知识和资源，在动态商业环境中更新和发展绿色组织能力,从而通过绿色管理实践、绿色战略目标和绿色研发提升绿色创新绩效[19]。Awan等(2021)认为,组织的知识学习能力帮助企业获取前沿绿色创新技术,驱动其整合利用内部和外部资源,为绿色创新提供持续动力[40]。吴群等(2024)则指出,企业构建数字化能力能够加速知识要素的流动、聚合和重组,从而降低绿色技术研发成本,提高绿色创新绩效[41]。

企业的高管团队在生产经营活动中扮演关键角色,对绿色创新绩效有重要影响。研究指出,高管的认知、心理和早期经历等特征影响企业的环境行为[42]。Dhir(2023)的研究表明,管理者对企业绿色创新战略的选择取决于他们将生态问题视为机遇或挑战的程度[43]。和苏超等(2016)的研究表明,当管理者将生态问题视为发展的契机时,企业通常更愿意实施具有前瞻性的环境策略,以主动寻求创新和可持续发展的机会,从而在市场竞争中占据优势[44]。Tang等(2018)的研究发现,高层管理者对环境的积极态度和坚定承诺不仅决定了绿色战略的选择,还推动了良好合作环境的形成[45]。高管的早期经历和个性特质对企业绿色创新绩效也受到了广泛关注。Quan等(2021)通过收集高管海外经验数据的研究发现,具有发达国家早期经历的高管具有更强的环境道德综合能力,显著提升企业的绿色创新效率[46]。Arena等(2018)研究了英国公司的高管个人特质对企业绿色创新的影响,发现具有傲慢特质的高管往往高估绿色创新项目的成功可能性,从而更有效地克服开发和引入绿色创新的障碍[47]。权小锋等(2019)认为,高管的从军经历正向促进了企业绿色技术创新和管理创新,且在民营企业中效果更显著[48]。此外,企业的年龄、规模和性质等特征也是提升绿色创新绩效的重要因素。Leyva–De等(2022)以电气元件和设备行业企业为研究对象,研究发现,成熟企业由于更强的战略刚性和路径依赖,较少升级最新绿色设备和技术,从而阻碍了绿色创新绩效的提升[49]。马骏等(2020)的研究指出,由于家族企业具有维持社会情感财富的强烈驱动力,它们相比非家族企业更倾向开展绿色创新[50]。

1.3.2　经济政策变化对经济影响的相关研究

经济政策变化是指政策方向或力度的变动或政策执行的不稳定性,这种变动加剧了经济主体对未来经济环境判断的难度,进而对其决策和行为产生影响。近年来,学界对经济政策变化及其影响的研究持续增加,研究重点逐渐从宏观层面的经济波动扩展至中观市场动态和微观企业行为,揭示其在多层次经济活动中的复杂作用机制。

在当前的学术研究趋势下,探究经济政策变化怎样作用于宏观经济,已成为学术领域共同关注的议题。尽管政策的频繁调整通常以优化宏观经济环境为目标,但由此带来的不确定性却可能对经济发展造成显著负面冲击[51]。这一不确定性通过影响消费、投资和就业等关键经济活动,通常对经济发展产生抑制效应,并与经济衰退周期密切相关[5]。Gholipour(2019)运用面板向量自回归(PVAR)模型以及动态最小二乘法(DOLS)方法,深入分析了经济政策变化对商业固定投资、房地产市场、金融活动和专利申请所产生的动态影响,结果显示,经济政策变化在短期内对这些经济活动产生了显著的负面效应[52]。同样,Bouteska 等(2024)的研究发现,经济政策变化显著削弱了美国的工业生产、提升失业率并导致消费信贷萎缩,尤其在经济衰退期间,这种负面效应尤为显著[53]。许志伟和王文甫(2019)利用 Max – share 方法和 SVAR 模型发现,政策变化加剧了市场波动性,进而导致产出和物价水平的下降,最终引发经济总需求收缩[54]。此外,现有文献表明,经济政策变化对经济活动的影响具有非线性特征。根据 Caggiano 等(2017)的研究,经济政策变化会对失业率、通货膨胀率以及利率水平产生负面影响,且在经济衰退期尤为显著[55]。胡成春和陈迅(2020)利用非线性 TVAR 模型和方差分解溢出指数,实证分析了经济政策变化对我国宏观经济和资产价格的动态作用,发现其对经济产出、房价及股市收益率的影响在不同经济阶段呈现显著差异[56]。司颖华和段雪莲(2023)使用 LT – TVP – FAVAR 模型的研究发现,经济政策变化对我国宏观经济具有显著的非线性影响,短期内对产出和物价水平产生冲击,而长期影响逐渐减缓,且在经济不稳定时期,经济增长放缓和通货膨胀上升的现象更为突出[57]。

当前学术界对经济政策变化对市场影响的研究主要聚焦于股票市场,尤其是股票收益率、市场波动率和股价崩盘风险等方面。例如,Liao 等(2021)通过对 2008~2016 年的沪深 300 指数中 175 家上市公司的研究发现，经济政策变化显著抑制了市场驱动的普通股回报，同时提高了个体驱动的特质性股票回报[58]。Nusair 和 Al-Khasawneh（2023）运用分位数回归分析了经济政策变化对 G7 国家股票市场收益率的影响，发现经济政策变化普遍导致这些国家股票回报率的下降[59]。Zeng 等（2023）利用平滑过渡 GARCH-MIDAS 模型指出，经济政策变化显著影响股市波动率，且这一作用具有正向促进效应[60]。吴鑫育等（2023）基于已实现 SV-MIDAS 模型框架的研究发现，经济政策变化显著降低了股市的长期波动率，这种影响具有较长的持续性[61]。与此同时，Wang（2023）提出了一种新型的经济政策变化衡量指标，其研究发现，该指标与股价崩盘风险存在显著正相关关系，即经济政策变化越大，股价崩盘的可能性越大[62]。近年关于经济政策变化对中观市场的影响研究逐渐拓展至绿色市场领域，包括绿色金融市场、能源市场和碳排放市场。Pham（2022）通过对四个主要绿色债券指数及变化指数的分析发现，绿色债券与经济政策变化之间的关系呈现出显著的时间和状态依赖性[63]。Xi（2023）采用分位数回归方法研究表明，经济政策变化对绿色金融市场整体具有负面影响，其中绿色股票市场比绿色债券市场对政策变化的冲击反应更为强烈[64]。Ogbuabor（2023）基于非线性自回归分布滞后模型，揭示经济政策变化的提升在短期和长期内均会显著推高零售能源价格，尤其是在英国、日本和欧洲等地[65]。Liu（2023）通过广义脉冲响应分析发现，在欧盟碳排放交易体系中，经济政策变化的增强对天然气价格产生了显著的正向影响[66]。Li（2022）则运用非线性自回归分布滞后模型（NARDL）和非对称因果关系检验方法，研究发现，贸易政策变化和货币政策变化均对中国碳排放权交易市场价格具有显著的正向推动作用，然而汇率政策变化的影响则有所不同，其对碳排放权交易市场价格产生负向影响[67]。

现有研究探讨了经济政策变化对企业行为的多方面影响，涉及现金持有、资本结构、战略调整以及企业社会责任与环境行为等关键领域。诸多实证研究表明，企业在经济政策变化加剧时，出于预防性动机通常会选择增加现金储备，以应对潜在的风险和不确定性。李凤羽和史永东（2016）的实证分析进一步表明，这种倾向在特定条件下更加明显，如当企业面临较高的融资约束、股权分散程度较高或组织学习能力较弱时[68]。此外，Floros等（2024）的研究聚焦于经济周期的不同阶段，证实了经济政策变化的增强会显著推动企业提升现金储备[69]。相反，Javadi等（2021）则指出，在存在代理问题的情况下，经济政策变化增强可能导致企业削减现金持有量[70]。现有研究普遍认为，经济政策变化的增强会导致企业采取更为保守的资本结构策略，降低杠杆水平。宫汝凯等（2019）基于2002~2016年A股上市公司季度数据的研究发现，经济政策变化的增强对企业杠杆率具有显著的抑制作用，且这种影响在短期负债率较高，民营企业、小规模企业以及制造业企业中表现得更为突出[71]。此外，Tabash等（2022）通过分析2007~2016年亚洲六个经济体的企业资本结构调整行为后发现，随着经济政策变化的增强，企业更倾向于采取保守的资本结构策略[72]。关于企业战略调整的研究，万赫等（2021）通过对2010~2017年中国A股上市公司数据的研究发现，经济政策变化显著推动企业战略变革，但在分析师期望落差较大或企业冗余资源充足时，这一影响有所减弱[73]。Mirza和Ahsan（2020）从战略变革的机遇视角出发，提出在经济政策变化增强的背景下，企业为避免因固守现有战略而错失市场机会，通常会表现出更强的战略调整意愿，积极调整经营策略以应对外部不确定性[74]。部分学者以官员变更作为经济政策变化的表征研究制度环境对企业战略的影响。Choi等（2021）基于资源依赖理论的研究发现，随着经济政策变化增强，组织不仅需要更多资源进行外部环境扫描，同时难以预测战略调整对组织的可能影响，这抑制了企业改变战略的积极性[75]。现有文献普遍认为，经济政策变化通常会促使企业加大社会责任投入。Ilyas等（2022）采用两步系统广义矩估计法，发现经济政策变化可能促使企业通过履行企业社会责任来应对外部环境的不确定性，发挥其"保险效应"，以缓解融资约束和风险敞口[76]。另外，根据阳镇等（2021）的研究，企业社会责任可能在经济政策变化与企业技术创新之间发挥中介作用，有助于提升企业的创新能力和竞争力[9]。进一步探讨经济政策变化对企业环境行为的影响，Gull等（2023）通过研究中国、欧洲和美国上市公司，发现经济政策变化的增强显著增加了危险废物和非危险废物的排放水平，支持了股东财富最大化理论[77]。

Jun等（2023）捕获各种含污染物气体的企业特定污染物排放情况，发现是由于环境法规限制较少或企业环境投资减少，增强的经济政策变化会增加中国企业污染物排放[78]。Harjoto和Wang（2024）以2007～2018年英国富时350指数公司为样本，发现经济变化程度增强时，企业倾向于通过增加环境、社会和治理信息披露来维持利益相关者的支持，从而保持和增强公司的竞争优势[79]。Gao等（2024）基于自愿披露理论发现，经济政策变化可以激励公司披露环境信息，在竞争性行业和重污染行业的公司中促进效应更显著[80]。部分研究还发现经济政策变化的微观企业行为影响还涉及其他方面，如风险承担[81]、同伴效应[82]、避税行为[83]、欺诈行为[84]等。这些文献反映出，经济政策变化既影响企业决策和运营效率，还通过复杂的机制对企业战略选择和行为模式产生深远影响，从而塑造整体市场环境和经济格局。

1.3.3　经济政策变化与企业绿色创新

经济政策的主要作用对象是市场中的微观主体——企业。既有文献聚焦于经济政策变化对企业投资决策的影响，并从投资规模[85]、投资结构[86]及投资效率[87]等多个方面进行了深入探讨。黄虹等（2021）运用实物期权和金融摩擦理论，研究指出经济政策变化通过增加企业的社会融资成本和机会成本，从而抑制企业的投资规模[85]，不仅降低了企业的当期投资意愿，还促使企业调整现有资本投向，改变投资结构。随着经济政策变化增强，企业投资结构"脱实向虚"，实体投资活动减少，而虚拟投资活动增加[86]。Zhao和Su（2022）将虚拟投资活动细分为具体的资本投向，发现经济政策的变化对企业投机性金融资产投资产生了抑制作用，而促进了保值性金融资产投资[88]。此外，许多学者的研究表明，随着经济政策变化增强，企业往往采取保守或过度谨慎的投资策略，导致整体投资质量和资源配置效率下降，增加了非效率投资行为的发生[87]。但也有部分学者认为投资效率与经济政策变化正相关。Hamza等（2024）以法国中小企业为研究对象，发现经济政策变化促使企业在投资决策时更加慎重，从而减少过度投资和投资不足，提高投资效率[89]。

创新本质上是企业投资决策行为的过程，是投资活动的重要组成部分。国内外学者将企业投资行为扩展到创新领域，聚焦于经济政策变化与企业创新之间的关系。研究结果呈现出两极分化的趋势，张峰等[90]、Khan等[91]、Sendstad 和 Chronopoulos[92]的研究均表明，经济政策变化的增强会引起企业内部经营成本和人力成本的上升，同时降低投资配置和资本边际收益率，从而进一步阻碍投资与创新活动[93]。随着研究的不断深入，学者们发现经济政策变化可以激励企业为了提升核心竞争力和应对风险而提高创新能力。Nguyen 等（2023）等的研究表明，经济政策变化营造了风险与机遇共存的经营环境[94]，具有显著的激励和选择效应，驱动企业为抓住发展机会，提升研发投入，以创新获取高额收益[10]。Mirza 等（2024）从博弈论角度出发，认为经济政策变化增加了企业创新的等待成本，为了避免竞争对手抢占市场机会，企业会更快速地做出创新决策，从而提高企业创新绩效[95]。此外，Liang 等（2024）基于前景理论，从投资风险和边际收益两个角度分析，发现经济政策变化与企业创新绩效之间呈现出倒"U"形关系[96]。在此基础上，部分学者进一步探讨了经济政策变化影响企业创新的具体作用机制和情景因素。关于影响机制的研究，主要集中在资本成本[97]、风险承担[93]与投资者情绪[85]等多个视角。Xu（2020）指出，资本成本的上升直接影响企业的融资能力和资金使用效率，而经济政策变化通过提高融资成本来削弱企业在创新方面的投入和效率[97]。Lou等（2022）从风险管理的角度展开研究，发现企业的风险承担能力对于预测和应对潜在风险至关重要，是经济政策变化影响企业创新的关键机制之一[93]。黄虹等（2021）的研究从利益相关者的视角出发，发现在经济政策变化不断攀升的经济下行时期，投资者的情绪波动能够显著改变企业的创新决策和行为[85]。进一步的情景因素研究表明，经济政策变化对企业创新的影响在不同性质、阶段和领域的企业中存在显著差异[98]。张峰等（2019）通过将创新区分为产品创新（价值链上游）和服务转型（价值链下游）研究后发现，非国有企业或无制度关联企业更有动机和能力从产品创新研发转向服务转型，以应对经济政策的波动[90]。李虹等（2020）

的研究表明，当企业处于高换手率、低流通市值、高成长性、小规模阶段时，经济政策变化对企业创新的影响程度更大[98]。Zhou等（2023）通过研究发现，经济政策变化对企业创新的影响在高科技企业和非高科技企业存在显著差异[99]。

尽管国内外关于经济政策变化与企业创新之间的关系已有丰富的研究，但绿色创新作为创新活动的重要分支，得到的关注相对有限。绿色创新通常具有高风险、高回报、长期性和不确定性等特点[14]，因此经济政策变化会对企业的绿色创新产生复杂的影响。Bloom（2007）提出，易变性对绿色创新投资的影响显著有别于一般投资活动，尤其涉及更多的风险评估和长期收益的权衡[100]。目前，现有文献更多集中于经济政策变化对绿色创新的抑制效应。大量研究表明，政策变化往往导致企业面临较大的风险和融资压力，从而削弱其在绿色技术上的研发投入和创新动力。例如，Zhou等（2024）认为经济政策变化增加了企业融资约束，阻碍了绿色创新研发投入不利于企业绿色创新[101]。Xu和Yang（2024）基于威胁刚性理论，认为经济政策变化是一种个体化感知，其增加会引发威胁刚性效应，促使企业选择回避具有高风险和长回报期的绿色技术创新活动，从而进一步削弱了企业在绿色创新方面的积极性[102]。然而，少数研究却提出了相反的观点，认为经济政策变化在某些条件下可能对绿色创新产生正向影响。例如，Zhang等（2023）以中国上市制造业企业为研究对象，发现经济政策变化对企业绿色创新活动具有轻微的促进作用，尤其在高新技术企业中，这种促进效应更加显著[103]。这可能与这些企业具备更强的适应能力和政策敏感性有关。有学者提出，经济政策变化与企业绿色创新之间可能存在非线性的倒"U"形关系。例如，成琼文和陆思宇（2022）通过对资本、技术密集型行业的实证分析发现，在一定程度的经济政策变化下，企业的绿色创新活动会得到激励，但超过某个临界值后，其对绿色创新的影响则转为负面[104]。在情景因素方面，关于经济政策变化对企业绿色创新影响的研究主要集中于资源禀赋[105]、市场竞争[106]、行业类型[101]和企业性质[102]等方面。例如，Hou等（2022）发现，拥有政治关联企业在面对经济政策变化时，往往有更强的资金和技术储备来抵御风险，从而能够继续进行绿色创新[105]。

Cui 等（2023）研究发现，在市场竞争激烈的环境中，企业为了保持竞争优势也可能被迫进行绿色创新，即使面临政策变化[106]。

1.3.4 研究评述

通过梳理分析国内外相关研究可以发现，学术界在企业绿色创新绩效的影响因素、经济政策变化的经济影响，以及经济政策变化与企业绿色创新之间关系等领域，已经取得了较为丰硕的研究成果。这些研究从多个角度为本书的研究提供了启迪。然而，仍有以下值得进一步拓展和完善的之处。

（1）经济政策变化与企业绿色创新绩效的关系有待深入探讨。现有绿色创新绩效影响因素的研究大多聚焦于企业内部与外部两个层面，从政策规制压力[16,17]、利益相关者压力[18,19]、资源基础[35,40]、管理者特征[43,44]等维度加以研究，一些研究聚焦于政策规制对企业绿色创新绩效的作用，但大多认为政府政策是稳定且可预测的，忽视了政策变化所引发的变化对企业绿色创新绩效的关键影响[20]。现有的经济政策变化研究主要集中在对企业投资规模[85]、投资结构[86]及投资效率[87]的影响研究上。尽管已有研究在一定程度上探讨了创新投资，但针对绿色创新绩效的研究仍处于初步探索阶段，其内容与深度尚显不足。现有的大多数研究仍然基于传统创新的分析视角，未能充分体现绿色创新的独特性[100]，缺乏对经济政策变化与绿色创新绩效关系的深入思考，未能深入挖掘绿色创新在动机、决策逻辑和价值目标等方面的独特特征[102]。这阻碍了对经济政策变化对企业绿色创新绩效的积极作用形成准确的理解，难以有效推动企业在"乌卡时代"背景下的持续健康发展[107]。

（2）经济政策变化对企业绿色创新绩效的影响路径尚不明晰。现有研究主要集中于探讨经济政策变化通过资本成本[97]、风险承担[93]与利益相关者态度[85]等渠道间接影响企业创新的机制，但对于战略变革在这一过程中的传导作用尚未给予足够的重视。尽管经济政策变化中所包含的威胁与机遇能够激发企业的风险管理意识和利润追逐动机，但企业通常受到组织惯性约束，难以迅速应对复杂、多变且模糊的制度环境变化[108]。这种惯性常导致企业无法及时制定适应环境变化的投资决策，进而限制了绿色创新的实施效果[109]。通过实施战略变革，企业能够有效整合资源、优化组织结构与经营模式，从而提高适应性和灵活性，积极应对政策变化中的威胁与机遇，为绿色创新绩效提供强有力的支撑[110]。然而，现有研究尚未从组织变革的视角深入研究经济政策变化对企业绿色创新绩效的作用，导致难以清晰地阐明经济政策变化与企业绿色创新绩效之间的内在联系，削弱了经济政策变化的解释力。对于经济政策变化与绿色创新绩效之间的关系尚未形成系统的理论框架，这在一定程度上制约了企业绿色创新绩效的整体提升。

（3）经济政策变化对企业绿色创新绩效影响的权变效应研究仍存不足。既有研究主要探讨企业性质[102]、市场竞争[106]、行业类型[101]等因素对经济政策变化发挥影响的情境条件，但未深入理解其影响绿色创新绩效的制度性资源要素和管理者认知特征。尽管已有研究表明，资源支持[37]和管理者特征[45]与企业的绿色创新绩效密切相关，但尚未关注这些因素在经济政策变化影响企业绿色创新绩效过程中的情景效应，由于未能充分揭示权变效应机制，当前研究难以形成对经济政策变化影响的情境化理解，进而阻碍了对其在绿色创新绩效方面作用的全面阐释，也使得政府根据具体情况制定有效的政策调控方案以提升绿色创新绩效的建议缺乏权变角度的可操作性解释。因此，深入研究权变效应可以识别经济政策变化对绿色创新绩效的影响变化程度，可为政府制定灵活且高效的政策调控措施提供关键依据，最终助力企业在变化的政策环境中实现绿色创新的可持续发展。

（4）经济政策变化对企业绿色创新绩效影响的动态研究缺乏。前人研究主要从静态视角探讨绿色创新的影响因素及经济政策变化的作用，而对经济政策变化在时间维度上对企业绿色创新绩效的动态效应缺乏深入关注。企业战略变革与绿色创新绩效的关系是一个复杂且累积的过程，受到多重因素的影响。在经济政策变化对企业绿色创新绩效的作用过程中，可能涉及多种复杂的因果关联，从而导致两者之间的作用关系在不同时间阶段表现出异质性。仅从静态视角研究这一关系，导致经济政策变化对企业绿色创新绩效的研究中，往往仅聚焦于部分变量的影响，而忽略了时间效应的分析，导致了对两者关系的系统性认识不足，进而制约了构建完整理论体系和框架结构。

1.4 研究内容与研究方法

1.4.1 研究内容

在梳理国内外相关文献的研究成果与研究空白后，本书综合运用制度逻辑理论、组织变革理论、资源依赖理论与高阶梯队理论，研究经济政策变化对企业绿色创新绩效的理论机制，深入探讨经济政策变化对绿色创新绩效的影响路径、权变效应和动态过程，全面揭示了两者之间的影响机制，为社会绿色发展转型提供了重要参考。具体来说，研究内容包括以下6章。

第1章，绪论。首先，介绍本书的研究背景及问题提出，阐明研究目的与意义；其次，针对研究问题，系统梳理并归纳相关研究领域的现有文献，指出当前研究的不足之处，从而突出本书研究的必要性和创新价值；最后，本章确定了具体的研究方法，并详细阐述了研究的技术路线，以确保研究过程的科学性和系统性。

第2章，经济政策变化对企业绿色创新绩效影响的理论基础。首先，本章对经济政策变化就企业绿色创新绩效的影响的相关基础概念进行了梳理，明确界定了企业绿色创新绩效、企业战略变革、经济政策变化、政府补贴、政治关联、管理者过度自信及管理者环境注意力等核心概念，为研究奠定了清晰的概念基础；其次，详细阐释了经济政策变化影响企业绿色创新绩效的理论依据，包括制度逻辑理论、组织变革理论、资源依赖理论与高阶梯队理论，为研究提供了坚实的理论支撑；最后，从影响机制的内涵出发，构建了包括影响路径、权变效应和动态过程的影响机制模型。依托相关理论基础，本章深入剖析了经济政策变化对企业绿色创新绩效的作用路径，并在此基础上构建了一个系统的影响机制理论框架。

第 3 章，经济政策变化对企业绿色创新绩效影响的路径识别。在第 2 章构建的理论框架基础上，基于制度逻辑理论深入分析经济政策变化影响企业绿色创新绩效的直接作用路径，提出了直接作用研究假设；基于组织变革理论，进一步提出战略变革的中介作用研究假设。采用分层回归分析和 Bootstrap 方法对研究假设进行实证检验，显示经济政策变化不仅对企业绿色创新绩效存在显著的直接推动效应，还通过战略变革间接提升了绿色创新绩效的研究结论。

第 4 章，经济政策变化对企业绿色创新绩效影响的权变效应。在第 2 章构建的理论框架基础上，本章深入分析管理者认知特征和制度性资源要素在经济政策变化影响企业绿色创新绩效过程中的权变效应，提出管理者过度自信和管理者环境注意力的直接调节作用假设，以及政府补贴和政治关联的二次调节作用研究假设。通过实证分析对研究假设进行检验，得出管理者过度自信和管理者环境注意力分别起到负向和正向的直接调节作用，政府补贴和政治关强化了上述调节变量的调节作用。

第 5 章，经济政策变化对企业绿色创新绩效影响的动态过程。在第 2 章构建的理论框架基础上，结合第 3 章和第 4 章影响路径和权变效应的研究结果，本章从系统视角出发，纳入时间要素，系统分析经济政策变化影响企业绿色创新绩效过程中的核心概念间的关系及其动态机制。进一步梳理这一过程中的多重反馈回路，构建相应的系统流图和变量方程。运用系统动力学仿真软件，对构建的方程进行结构与功能检验并开展仿真模拟，分析并讨论动态演化趋势和阈值规律的仿真结果。

第 6 章，经济政策变化下企业绿色创新绩效提升的对策建议。综合前述各章研究结果，提出包含宏观政府政策层、中观企业组织层和微观企业内部管理层三个方面的对策和建议。总结研究的结论和启示，为政府和企业提供科学的决策参考，推动企业绿色创新和可持续发展。

1.4.2 研究方法与技术路线

基于解释主义管理学研究范式进行研究设计，考虑到具体研究内容的需求和操作的可行性，采用的主要研究方法概述如下：

第一，文献研究方法。利用文献数据库，搜集、整理和分析围绕研究议题的国内外相关研究成果。通过文献综述，展现经济政策变化、企业战略变革、绿色创新绩效及其相互关系的研究脉络，识别当前研究的不足之处，并明确研究重点。在既有研究经验的基础上，综合考虑研究视角和目标，对关键变量进行概念界定，厘清理论基础。通过理论推导分析变量间的相互作用，构建经济政策变化对企业绿色创新绩效影响的理论框架。

第二，实证研究方法。在综合文献综述和理论分析的基础上，从经济政策变化影响企业绿色创新绩效的作用路径和权变效应两个方面提出了一系列理论假设。通过获取上市公司的二手数据，运用固定效应模型、中介效应模型、直接调节效应模型与二次调节效应模型等方法，验证这些假设是否得到实证支持。应用 Bootstrap 方法对验证结果进行稳健性检验，以确保研究结论具有强的论证力和说服力。

第三，仿真研究方法。仿真研究方法是一种分析研究信息反馈的科学方法。通过获取系统的历史数据，建立系统动力学模型，以实现动态仿真研究，从而处理复杂系统问题。在明确各系统要素因果关系链和反馈回路的基础上，依据相关研究成果确定各组成部分的影响函数，进行仿真分析，考察经济政策变化对企业绿色创新绩效影响的动态演化趋势和阈值规律。

本书遵循"提出问题—分析问题—解决问题"的思路，设计了如图 1-1 所示的技术路线。首先，介绍研究背景，梳理相关文献，明确现实背景与研究差距，提出研究问题：经济政策变化对企业绿色创新绩效的影响路径（问题1）、权变效应（问题2）、动态过程（问题3），进而构建经济政策变化对企业绿色创新绩效影响的研究框架。其次，探索经济政策变化对企业绿色创新绩效影响的直接路径和中介路径，提出相关研究假设，并进行实证检验，回答研究问题1；研究经济政策变化对企业绿色创新绩效影响的权变效应，提出管理者过度自信、管理者环境注意力、政府补贴和政治关联的调节效应的理论假设，并进行实证检验，回答研究问题2；探讨经济政策变化对企业绿色创新绩效影响的动态演变，基于对影响路径和权变效应的研究成果，将时间因素纳入分析框架，揭示经济政策变化对企业绿色创新绩效影响随时间变化的特征，从而回答研究问题3。结合经济政策变化对企业绿色创新绩效的实证分析和仿真分析结果，提出提升企业绿色创新绩效的相关对策建议，得出研究结论，并梳理研究贡献与启示。

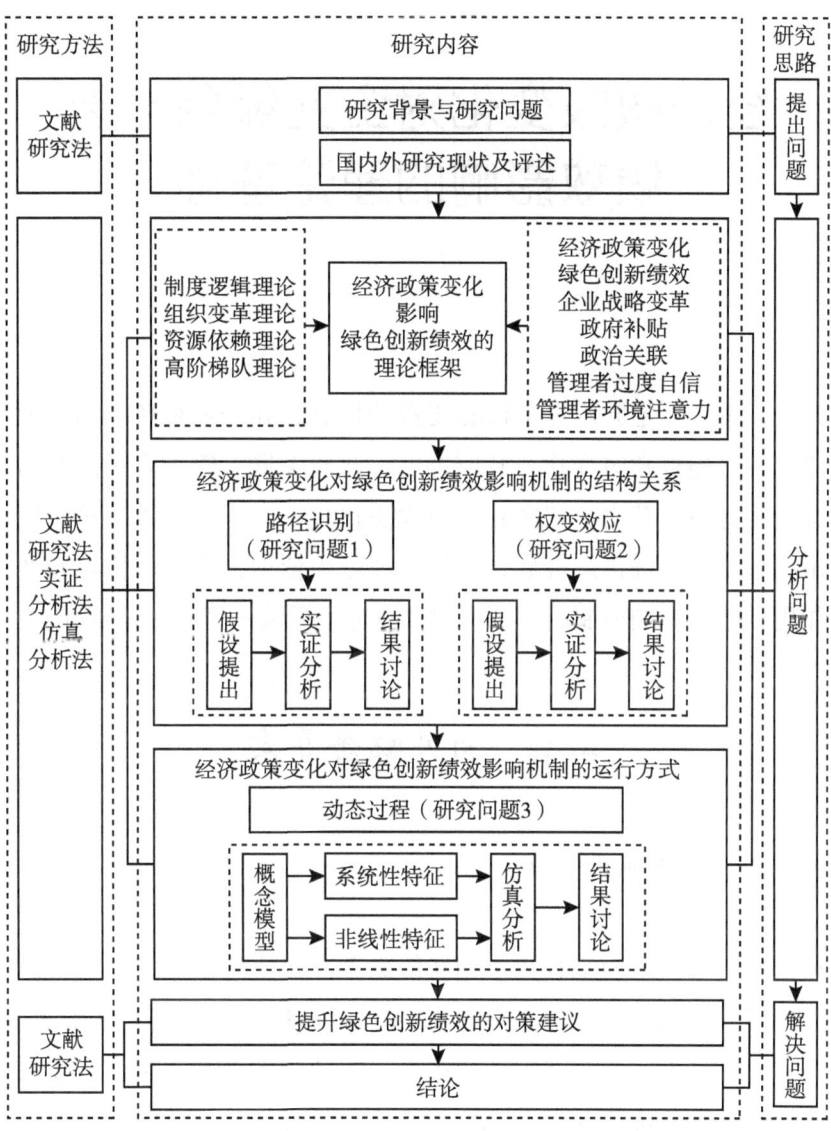

图1-1　本书的技术路线

第 2 章

经济政策变化对企业绿色创新绩效影响的理论基础

首先,本章界定并阐释了核心变量的概念,如企业绿色创新绩效、企业战略变革、经济政策变化、政府补贴、政治关联、管理者过度自信、管理者环境注意力。其次,依次介绍制度逻辑理论、组织变革理论、资源依赖理论和高阶梯队理论。最后,以相关理论为依据,深入剖析核心变量的相互作用,建立影响机制的理论框架,奠定了后续研究的理论基础。

2.1 相关概念界定

2.1.1 绿色创新绩效

熊彼特(1921)首次提出了创新的概念,他认为创新的基本内涵在于企业通过引入新的生产要素,如新技术、新材料、新工艺和新管理方法,结合现有生产条件,进而重组生产体系,推动技术进步和生产力发展,实现经济增长和竞争优势的提升。20 世纪末,学者们开始关注减少环境负面影响的创新。James(1997)首次将环境创新从创新研究领域中细分出来,定义为通过产品、工艺和技术的革新与改良,显著降低生产过程中的环境风险，提高环境效益并实现商业价值的创新活动[111]。随后，国内外学者先后提出可持续创新、生态创新、绿色创新等相近概念，根据研究需要从不同的角度定义企业绿色创新，如表2-1所示。Schiederig等（2012）通过分析和对比生态创新、绿色创新、环境创新及可持续创新这四个术语，深入探讨了它们之间的相似与差异[112]，并指出前三者在内涵上基本属于同义词，而可持续创新则区别于这三者，涵盖了经济、生态和社会三个方面的内涵。尽管在这些术语在定义上存在细微差异，但它们的研究的主题高度相似，均集中在带来环境效益的创新上[113]。结合国内外权威组织和学者们的研究成果，本书采用"绿色创新"一词涵盖所有相关术语。学术界普遍认为，绿色创新是指企业在产品、服务、流程和管理等领域进行创新或优化，通过这种方式，高效节约能源和资源，减少对环境的不利影响，确保在整个过程中同时实现环境效益和经济效益。绿色创新不仅具备创新的一般性特点，还具有双重收益和外部性等延申性特征[13]。首先，企业绿色创新伴随着新产品、工艺、流程和方法的产生，有助于满足市场需求并提升竞争力[30]；然而，这一过程需要大量的研发资金，且由于研发项目的复杂性和难度，绿色创新通常具有较高的风险性和不确定性[22]。其次，企业在推动绿色创新的过程中，除了在研发阶段通过传统知识的外溢效应对外界产生一定的影响之外，这些创新在其实际应用和推广的阶段，往往还能显著带来对环境的积极外部效益[114]。最后，绿色创新的收益性不仅包括产生差异性市场竞争优势而获得的商业经济收益，还包括其减少资源能源的使用和生态环境污染的环境收益[28]。双重收益的特性赋予其应对外界市场变化保持竞争优势或获得合法性的能力，因此，绿色创新在企业生存与发展方面承担着十分重要的作用和角色。

表2-1　　　　　　　　绿色创新相关概念的内涵

概念	文献来源	定义
环境创新	James（1997）	开发新产品、工艺或服务的过程，不仅带来市场份额和经济价值，还显著减少对环境的潜在影响[111]

续表

概念	文献来源	定义
环境创新	Oltra 和 Jean（2009）	全新的或经过改进的工艺、方法、流程和产品的创新，能够对环境产生积极影响，从而促进环境的可持续性[115]
可持续创新	Charte 和 Clark（2007）	将涉及环境、社会和经济等可持续发展因素整合到企业经营系统（涵盖从创新构思的形成、开发到商业化的各个阶段）中的过程[116]
	Tello 和 Yoon（2008）	研发新产品、流程、工艺和技术，不仅满足人类物质需求提升社会福祉，还关注全球自然资源及其使用后恢复和再生情况[117]
生态创新	OECD（2009）	产品和流程的显著改进或全新设计，包括生产工艺、部门结构以及营销手段等方面，不论这些创新是有意为之还是无意间实现的，都能够更为有效地改善环境[118]
	Horbach 等（2013）	通过开发新型产品、采用先进的生产工艺或提供创新服务，能够逐步或显著促进环境保护和可持续发展[119]
绿色创新	Li 等（2017）	开发新的创意、商品、服务、工艺或管理方法，以有效避免资源浪费并预防可能出现的污染问题[120]
	Chen 等（2018）	优化流程、工艺、产品和管理系统以尽量减少生产和运营过程中对生态环境产生破坏的创新活动[121]
	Ma 等（2018）	可以提高企业资源利用效率，减少废弃物的产生进而显著减少环境风险的具有创新性的商品、服务、工艺、组织结构或管理实践[122]

资料来源：作者梳理文献而制作。

绩效通常被认为是产出结果或对既定目标的实现程度，是企业制定战略决策的重要依据。创新绩效是对技术创新活动产出或成果的全面评价，但是对创新绩效的概念界定尚未达成共识。一部分学者认为，创新绩效涵盖从创新理念的形成到新产品或新服务进入市场的整个过程,包括新创意的形成、研发、产品试生产及制造等环节。Gunawan 等(2016)指出,创新绩效反映了企业通过产品、流程和市场的开发与改进,以提高市场份额、降低成本并赢得竞争优势的结果[123]。Li 等(2023)认为,创新绩效体现了企业在一定时期内的创新投入过程中产生的正向成果,包括新思想、新模式、新产品和新技术[124]。另一部分学者将创新绩效看作对企业创新活动产生的结果或效应的综合评价。Ghasemaghaei 和 Calic(2020)将创新绩效定义为企业在日常生产运营中运用知识技术开展创新活动所形成的综合产出成果[125]。姜滨滨和匡海波等(2015)指出,创新绩效是企业通过创新活动所取得的科技成果,这些成果不仅包括新技术和新产品的开发,还涵盖对现有工艺流程的改进[126]。综合考虑绿色创新的特点和创新绩效的概念,认为企业绿色创新绩效是对企业绿色创新活动所带来的结果的整体评价,包括数量与质量两个评价维度。其中,绿色专利是企业绿色创新成果的产出体现,专利数量超过同行的公司被认为处于其领域的技术和创新前沿,反映企业真实的绿色创新数量水平[127];专利的引用量反映了专利的重要性和对后续发明的影响力,被频繁引用的专利通常更有用,更有可能为企业创造经济价值,反映企业真实的绿色创新质量水平[128],两者在不同维度展现了企业绿色创新绩效。

2.1.2 企业战略变革

战略变革的研究源于组织行为理论的发展,其重点是企业对外部环境变化的反映[129]。学术界主要从过程和内容两个视角对战略变革的内涵进行阐述,如表2-2所示。从过程视角来看,战略变革的定义不仅包括企业在组织性质上的根本转变,还涉及企业结构和企业文化的深刻变化,这些转变共同塑造了企业在新战略下的整体运作模式[130]。刘俊英(2010)认为战略变革是企业为了适应和匹配外界环境变化,对现有的业务范围、竞争手段及市场领域的调整[131]。Yi 等(2016)指出,战略变革是指企业在综合考虑自身经营范围、资源配置、竞争优势以及外部环境压力等因素的基础上，在公司层面对其愿景、战略方向、市场布局和产品策略等方面进行的适应性调整和优化[132]。邓新明等（2021）强调，战略变革是企业在外部环境压力的驱动下，结合自身的经营范围、资源配置以及竞争优势等因素，对公司层面和业务层面的进行的流程结构性的战略决策调整[133]。此外，从内容视角来看，战略变革涉及组织方向性要素的调整，涵盖企业使命、战略定位以及具体行为层面的程序变化[134]。Carpenter（2000）指出，战略变革是一系列战略资源在年度范围内的波动情况，与企业以往资源配置水平上相比的差异称为战略变异，与行业规范水平相比差异界定为战略偏离[135]。Oehmichen 等（2017）认为，战略变革是指企业为应对外部环境变化，对其现有及未来资源的配置和利用方式进行调整或转变的过程[136]。综上所述，企业战略变革体现于研发、市场、生产、财务和人力等多方面，并具有一定的动态性，但本质上，无论是经营业务的变化，还是高层管理人员理念和计划的变化，均反映在企业资源配置方式的调整上[137]。根据上述对战略变革的内涵的回顾，本书将战略变革定义为：企业通过重新配置多种关键资源以应对和利用环境变化，进而实施战略调整的过程，表现为战略资源分配和优先事项的变化幅度。

表 2-2　　　　　　　　战略变革的概念内涵

研究视角	文献来源	概念内涵
过程视角	Yi 等（2016）	企业对自身战略方向、逻辑调整和重新定位[132]
	Ocasio 等（2018）	战略变革的内容涉及管理系统、组织结构及组织文化的层次的程序转变[136]
	邓新明等（2021）	基于自身经营范围、资源配置和竞争优势，对公司层面和业务层面的进行的流程结构性调整[133]
内容视角	Carpenter（2000）	企业经营领域及资源配置方向等战略性决策的转变[135]
	Oehmichen 等（2017）	现有和计划的资源配置进行调整或改变[136]
	傅皓天等（2018）	环境、战略与组织的动态协调，推动组织各要素的变化[130]
	韵江等（2022）	各种主要战略方面资源安排的整体变化[138]

资料来源：作者梳理文献制作。

2.1.3 经济政策变化

经济政策变化研究起源于对不确定性的关注。20 世纪初期，Knight 开创性地将"不确定性"概念引入经济学领域，首次应用这一概念来分析经济行为和决策过程，从而为经济学研究提供了新的视角和方法[139]。Knight 提出了"不确定性"的定义，认为其是"个人在任何特定时刻能够意识到的所有可能状态的集合"，这一定义不仅揭示了不确定性的复杂性和多样性，还强调了个人主体认知对经济决策行为中的重要性[140]。接下来，Knight 明确辨析了"不确定性"和"风险"的异同：尽管两者都指向未来事件的不确定性，但"风险"是可量化的，而"不确定性"则难以量化，其核心特征在于不可预测性[141]。此外，不确定性与风险之间存在一个显著区别，风险通常与潜在损失相关，不确定性的"所有可能状态"不仅包括潜在损失，还涵盖了获取机遇和实现收益的多种可能性[142]。这意味着不确定性虽然难以测度，但其内在的多样性和不可预测性可能带来意想不到的正面结果。不确定性的核心在于它包含更多的未知和变化，不仅仅是风险管理中的防御性策略，还可能带来创新和进步的动力[130]。因此，不确定性是一种状态，该状态无法用概率分布来描述，不能根据现有的理论或经验规律进行预测或定量分析，它包括未来可能发生的损失或收益情况[143]。

经济政策变化导致人们对经济前景的判断和预测变得困难[100]。变化的原因可能来自政治、社会和自然等领域的"黑天鹅"与"灰犀牛"事件带来的外部冲击，也可能源于经济系统内在的固有不稳定性。正是这些复杂因素共同作用，使得完全消除经济不确定性变得极其困难[94]。为了应对经济环境的变化和突发事件，各国政府频繁地调整和优化多种经济政策，努力增强经济稳定性[144]。在这种情形下，未来政府经济政策的走向和趋势愈发难以捉摸[145]，各类经济主体难以精准预判政府是否会调整现行政策，以及调整的具体时间和方式[146]。政府对经济政策的调整和制定引发未来政策方向和力度的不确定性，政策相关主体难以准确判断政府是否会调整现行政策，以及调整的具体时间和方式，从而引发一系列风险[54]。这种风险增加了经济主体的决策难度,影响了市场的稳定性[56]。类似地,Gulen 和 Ion(2016)的研究指出,政策在执行强度、方式、目标以及引导模式方面的变动,以及这些潜在变动的可能性大小,也会导致经济政策波动的产生[146]。基于此,本书将经济政策变化定义为经济政策在方向、力度、内容及其执行方面的变动。

2.1.4 政府补贴

政府补贴的概念涉及经济学、社会学及政策研究等多个领域,因此其内涵和外延也因此而显得复杂而多变。在这一领域中,Cecil Pigou 在其经典著作《福利经济学》中提出的政府补贴定义被广泛认可和引用。他指出,政府补贴能够通过缩小个人成本与社会成本之间的差距,以及个人收益与社会收益之间的差异,从而有效弥补正外部性问题[147]。根据世界贸易组织的观点,补贴被视为政府或公共机构提供的财政支持,其目的在于通过干预政策优化社会资源配置,提高资源使用效率,推动社会福利的公平分配[148]。这一观点表明,政府补贴在经济发展中的角色不可或缺,它为各级政府支持特定产业、干预社会经济活动,以及影响企业经营决策提供了重要政策依据[149]。从广义角度来看,政府补贴是指各级政府以非企业股东身份,通过直接或间接的方式无偿给予经济主体货币性或非货币性资产[150]。政府通过财政补贴调整利益分配,将部分经济利益让渡给微观市场主体,影响企业经营、投融资及科技创新决策,以实现特定的政治、经济或社会目标[151]。此时,政府补贴包括直接拨款和间接补助,具体形式有无偿划拨非货币性资产、财政贴息、财政拨款和税收优惠[152]。从狭义角度来说,政府补贴特指通过政府支出直接向企业输送经济利益,具体形式包括财政无偿性现金补贴、贷款贴息、企业亏损补贴和财政奖励性资金[153]。本书主要针对企业微观绿色创新绩效进行研究,因此采用新会计准则对政府财政补贴内涵的界定。根据这一界定,政府财政补贴是为了推动企业实现特定目标而给予特定比例的货币性或非货币性资产,并呈现出无偿性的特征[154]。

2.1.5 政治关联

政治关联的研究起源于对企业政治行为的探索,其最早的明确表述由 Fisman(2001)提出。他通过考察印度尼西亚企业董事会和管理层成员与当权总统之间的私人关系构建"苏哈托依赖指数"测量并分析了政治关联的价值[155]。此后,学者们逐渐开展了对政治关联的研究,不断拓展和丰富其内涵与定义。Faccio(2006)将政治关联界定为企业股东或高管中存在政府官员的情况,或与政府官员有密切关系,这一定义成为国内外学者普遍接受的政治关联概念参考标准[156]。Fan 等(2007)则以中国企业为研究对象,将 CEO 是否在拥有政府、军队等权力机关从事工作的经历作为政治关联的代理变量,若企业总经理有曾经或正在政府任职,则视该企业具有政治关联[157]。Wong(2010)根据政治关联的可见性将其区分为显性和隐性两类,其中政府控股的企业被视为具有显性政治关联,而董事会成员中至少一人具有在政府工作经历的企业则被认为具有隐性政治关联[158]。在国外学者的研究成果基础上,国内学者也对政治关联的概念进行了系统的定义。贾明和张喆(2010)则扩展了 Fan 等(2007)关于政治关联的定义,认为凡是董事长或总经理曾在中央或地方各级政府或军队任职的企业,均可视为具有政治关联[159]。李慧云等(2021)进一步将公司高管如董事长、副董事长、总经理、副总经理等曾在各级政府或党委任职,或担任各级人大代表、政协委员的经历,作为政治关联的判定标准[160]。基于以上研究成果,本书将政治关联定义为:企业的董事长、总经理等实际控制人具备曾经或当前的人大代表、政协委员身份,或其他政府、军队等政治任职背景。

2.1.6 管理者过度自信

过度自信的概念源自认知心理学,指个体对自身能力过于肯定,并对未来持有过度乐观预期的心理偏差[161]。在探讨个体概率判断和校准偏差时,认知心理学将过度自信归纳为一种高估外界环境信息和预测结果准确性,导致主观概率分布置信区间狭窄的校准失误[162]。Gervais 和 Odean（2001）从高定位、高估计和高精度三个角度对过度自信这一现象进行了定义[163]。其中，高定位是指个体认为自己的能力、技能和表现优于他人或高于平均水平；高估计指这些个体在判断成功概率时，对结果持乐观态度；高精度则指过度自信的个体认为自己对环境中信息的理解极其准确，估计结果非常精确[164]。Ben – David 等（2013）的研究发现，过度自信是一种具有很强稳定性和持续性的内在心理特征，很少受到外界环境影响[165]。大量研究表明，过度自信普遍存在于不同职业和活动中，但企业高层管理者更容易表现出这种特质。与普通员工相比，企业高层管理者更容易高估自己在信息收集、筛选和分析方面的能力，在决策过程中高估成功率，低估潜在风险[166]。因此，过度自信在管理学中得到了广泛研究。早期，管理者的过度自信被视为对自身掌握的信息和决策能力的高度信任，是一种错误估计行动结果的认知偏差[167]。近年来，学者们从投资和决策的角度认为，管理者的过度自信源于对自身能力、知识和技能的高估，从而提高了对投资项目收益的评价，忽视或淡化了项目中的风险[168]。结合心理学和管理学，对管理者过度自信进行定义，将其界定为管理者主观上乐观看待企业发展前景和外界环境变化，低估潜在风险和决策行为损失的心理特征。这种心理特征表现为"控制幻觉""优于平均""校准偏差"和"自我归因"等形式。

2.1.7 管理者环境注意力

注意力的研究最早起源于心理学领域，作为理解人类思维和行为的关键组成部分。William James（1890）在其开创性的著作《心理学原理》中首次系统性地定义了注意力：每个人都能理解注意力的含义——它是指在大脑中众多同时出现的对象或思维序列里，清晰且明确地聚焦于某一个特定对象或思想的状态[169]。随后，Fiske 和 Taylor（1984）在对信息处理框架的研究中，进一步深化了对注意力的理解。他们将注意力与信息处理中的解释部分进行了明确的区分，提出注意力是个体在处理信息时，意识中对某一特定事物的集中程度[170]。随着注意力研究的深入，其重要性逐渐引起了管理学和组织行为学领域学者的关注。Simon（1978）在其对"理性人"假说的研究中，提出了决策者在进行决策时，其关键因素在于如何有效配置其有限的注意力资源[171]。在此基础上，Ocasio（1997）首次提出了注意力基础观理论，扩展了注意力在管理学中的应用。与心理学中对注意力的传统定义不同，Ocasio在管理学情境下重新构建了注意力的概念。他认为，注意力是决策者或高层管理者在处理组织问题时所投入的时间和精力的集中过程[172]。这一过程不仅包括对特定信息的关注和编码，还涉及对信息的深入解释，从而识别问题、分析现状并提出有效的解决方案[173]。注意力基础观理论强调，在快速变化的商业环境中，决策者需要灵活调整自己的注意力，以应对不断变化的挑战与机遇[174]。根据注意力基础观理论，本书将管理者环境注意力定义为管理者对企业在环境保护议题上（如可持续发展、生态平衡等）以及相关解决方案（如使用清洁能源、减少污染物排放、推进绿色技术等）的关注和重视程度。具体而言，管理者需要有意识且不断地将认知资源投入企业的环保问题上，通过投入大量时间、精力和努力处理相关信息，并进行意义构建，从而有效应对企业面临的环境挑战并做出战略决策。

2.2 相关理论基础

2.2.1 制度逻辑理论

"制度逻辑"这一概念最早在1985年由Alford和Friedland在社会学研究中首次提出，用以描述西方社会制度中内在矛盾的实践和信念体系[175]。他们指出，制度背景在不同层面深刻塑造并影响了社会行动者的行为模式。随后，两人将该概念引入组织研究领域，并将其重新定义为"由物质实践与象征性符号构成的集合"，该集合为不同制度秩序背景下组织和个体的核心信念和规范提供了理论基础[176]。在此基础上，Thornton和Ocasio进一步扩展和深化了制度逻辑的内涵。他们提出，制度逻辑不仅仅是物质实践与符号集合的简单叠加，还代表了通过社会历史建构起来的系统性模式[177]。

这些模式不仅包括物质实践，还涵盖了假设、价值观、信仰与规则，从而深刻影响并塑造了个体和组织的认知框架及行为路径[178]。现有研究指出，制度逻辑理论的核心建立在五个前提假设之上[179]：第一，嵌入式能动性。制度逻辑对组织行为既具有约束性，又具有指导性。一方面，它为组织在复杂环境中提供适应路径；另一方面，组织通过持续地调整、创新与互动，反过来作用于制度逻辑，推动其调整与演化[180]。第二，交互制度系统。组织处于多元制度逻辑的社会情境中，不同逻辑之间可能存在冲突、互补或兼容的关系。在这种多重逻辑交织的情况下，组织需要通过战略性选择来平衡并应对不同逻辑的要求，从而塑造独特的行动模式并提升组织绩效[181]。第三，制度多层次性。制度逻辑的运作并不局限于某一特定层次，而是同时存在于组织、场域及社会等多个层面，并在各层面之间相互作用。第四，物质与文化的双重性。制度逻辑由物质实践（如规则、流程、技术等）与象征性文化元素（如观念、价值、信仰等）共同构成，两者之间相互作用、相互影响，形成制度逻辑的核心特征。第五，历史权变性。历史权变性强调，制度逻辑对个体和组织行为的影响并非一成不变，而是随着时间与时代背景的变化而发生动态调整[182]。通过上述五个前提假设，制度逻辑理论为组织研究提供了一个动态且多层次的分析框架，不仅揭示了制度对行为的规范性影响，还突出了组织的主动适应与创新能力[183]。

与传统制度理论相比，制度逻辑理论更加突出个体与组织的利益、角色、信念以及假设等因素的制度嵌入[184]。该理论强调，个体和组织的行为及决策深受特定制度逻辑的塑造与影响。同时，特定组织场域中的制度逻辑具有动态特性，不同制度逻辑之间的关系会因情境的变化而呈现多样化特征[180]。例如，在某些情境中，个体与组织可能面对制度逻辑之间的冲突与竞争，而在另一些情况下，则可能经历逻辑间的共存或融合[185]。当组织面临多重制度逻辑时，这些差异化的制度逻辑不仅为其提供了多元化的价值参考与行为指引，同时也为组织发挥主观能动性创造了机会[186]。具体而言，组织一方面需要接受外部制度需求的规范性约束；另一方面也能够通过对这些需求的阐述与转化，对制度逻辑进行适应性调整甚至再定义[183]。在经济政策变化的情境下，制度逻辑之间的冲突与协同关系变得更加复杂且难以预测,企业因此面临着日益加剧的制度复杂性与决策挑战。在这种情况下,企业需要深度剖析制度逻辑的内在要求,并通过发挥主观能动性将冲突的制度逻辑加以整合,从而挖掘并充分发挥不同制度逻辑的价值[187]。经济政策的变化既蕴含风险,也隐藏着机遇,促使企业更加注重不同制度逻辑之间的平衡与整合需求,以确保其合法性与竞争力,从而增强组织的生存能力与绩效。经济政策变化还引发了企业对多种制度逻辑的重新审视。企业所面临的不仅包括市场逻辑的压力,如利润最大化和市场份额扩张,还涵盖政府监管、环境保护以及社会责任等制度逻辑的复杂要求[188]。例如,市场逻辑可能要求企业在短期内追求高额利润,而政府政策逻辑则强调合规性与可持续发展[184]。在这一背景下,绿色创新被认为是企业在应对经济政策变化时的战略选择。通过绿色创新,企业不仅能够提升合法性对冲政策变化带来的风险[16],还能提高市场竞争力把握政策变化带来的机遇[30]。综上所述,制度逻辑理论为研究经济政策变化对企业战略决策及绿色创新绩效的作用提供了重要的理论视角,可以揭示企业如何在复杂的外部环境中寻求平衡,回应多重制度逻辑的要求,从而实现可持续发展。

2.2.2 组织变革理论

组织变革理论的起源可以追溯到20世纪中叶,随着管理学和组织行为学的快速发展,学者们对组织变革理论的探索逐渐深入[189]。其中,Kurt Lewin作为最早研究组织变革现象的著名管理学者之一,对该理论的发展作出了开创性贡献。他于1943年通过力场分析法,识别出组织变革中存在的"驱动力"和"抑制力",并提出了著名的三步变革模型:"解冻—变革—重新冻结"[190]。在这一模型中,"解冻"被视为组织变革的前提条件,其目的是激发组织成员的变革动机,帮助他们理解现有模式的不足并认知新的现实[191]。这一过程不仅涉及改变员工的认知,促使其意识到既有行为方式和工作习惯的不足,还要引导他们逐步接受新的行为规范,以便在组织变革后能够适应新的工作要求[192]。"变革"是整个变革过程的核心阶段,这一阶段的重点在于引入新的观念、调整行为准则以及实现员工工作态度的转变[193]。通过制定明确的行动步骤和配套措施，组织能够为实现其新愿景提供清晰的方向和有力支持，从而增强执行力和整体协调性[189]。此过程不仅为组织注入新的活力，更为其发展指明了方向。"重新冻结"是确保变革成功的关键步骤，其核心目标是巩固在变革中形成的新行为规范与工作态度，最终将其内化为组织文化的一部分[194]。通过系统化的成效评估以及对实施策略的调整，企业能够确保新流程和方法得以有效落地并持续运行，从而为实现长期可持续发展提供坚实保障[195]。Kurt 的三步模型不仅深化了对组织变革理论的理解，为后续学者提出的新模型奠定了坚实的理论基础，还为组织应对复杂环境挑战提供了切实可行的变革框架。

组织变革理论强调，企业在面对经济政策变化时，必须不断适应外部环境的变化，尤其是在环境复杂性和动态性的情况下[196]。企业不仅需要具备灵活应对的能力，还必须培养前瞻性的战略视野，以确保竞争力和适应性得以维持[137]。在这一过程中，企业不应仅仅采取被动的应对策略，而应主动采取措施，将挑战转化为发展机遇。这种主动变革策略不仅体现在危机中的应对之策，更体现在稳定期的超前布局和风险防控[197]上。通过前瞻性变革，企业能够在市场波动中实现稳健发展，并在竞争日益激烈的环境中保持优势地位[134]。在全球日益重视环保和可持续发展的背景下，绿色创新已成为企业前瞻性战略变革的重要内容[11]。通过将战略变革与绿色创新相结合，企业不仅能够在面对经济政策变化时保持生存能力，还能够为其长期成功奠定坚实基础[179]。绿色创新作为一种积极的应对方式，不仅回应了外部政策环境的要求，还为企业在市场中开辟了新的发展路径。综上所述，组织变革理论为理论模型构建提供了重要的理论支持，清晰阐释了企业如何通过战略变革来应对经济政策变化，从而实现可持续发展的目标。因此，以组织变革理论为基础，探索企业如何在经济政策变化下，通过战略变革推动绿色创新，以确保其长期生存能力与竞争优势。

2.2.3 资源依赖理论

资源依赖理论源于社会学和政治学领域，聚焦于组织与外部环境之间的资源依赖关系及其对组织行为的深远影响。Pfeffer（1978）正式地提出资源依赖理论，为后续学者的研究奠定了坚实的理论基础[198]。资源依赖理论指出，组织的生存与发展高度依赖外部关键资源的获取，而这些资源往往由其他组织或机构掌控，由此形成了复杂的相互依赖关系[199]。资源依赖理论着重强调资源的重要性以及获取资源的动态过程。根据这一理论，资源是组织赖以生存和实现发展的基本条件。然而，组织自身无法生产满足其需求的所有资源，通常需要依赖外部环境来获取关键性资源[200]。这种依赖关系使得任何经济组织都无法完全控制其生产所需的所有资源，这是资源依赖理论的基本假设之一。对于来自组织外部的资源，组织需要通过与环境中的重要因素进行互动来实现资源获取[201]。在这种互动中，外部环境对组织行为的影响不容忽视，并可能形成一定程度的外部约束。同时，组织在与外界环境的互动过程中并非始终处于被动状态，它可以采取多样化的策略来选择更有利的环境，或通过调整自身适应环境的变化，从而确保在复杂的外部环境中成功获取资源。

从理论实践的视角出发，政府作为外部资源的主要掌控者，通过提供关键资源对企业行为产生深远影响[202]。例如，通过制度性支持，如财政补贴和政策优惠，政府可以有效引导企业实现特定的发展目标，包括推动绿色创新和强化社会责任。具体而言，绿色创新通常伴随着高投入和高风险，单靠企业内部资源往往难以满足相关需求[203]。在此背景下，政府补贴等外部支持不仅能够有效缓解企业的资金压力、降低创新风险，还通过政策激励和制度保障为绿色技术的研发与推广提供重要支持[204]。通过这一资源供给机制，政府得以优化资源配置并推动企业行为向预期方向调整[205]。除了正式的制度支持外，企业还可以通过非正式途径获取关键资源，其中政治关联是一种典型方式。政治关联能够通过政策信息共享与资源配置协调，为企业带来竞争优势[206]。与缺乏政治关联的企业相比，拥有政治关联的企业通常能够更早获取政策变动信息，从而提升管理者的决策敏锐性和资源整合能力[75]。此外，这类企业在降低融资成本和提升资金使用效率方面也具有显著优势[207]。然而，过度依赖政治关联可能带来一定的负面效应，如资源配置效率下降或过度投资行为[208]。这些问题可能削弱企业对绿色创新的关注与投入。因此，尽管政治关联作为一种增强企业动态竞争力的重要无形资源具有显著作用，其潜在的负面影响也可能对企业的长期发展构成制约[209]。综上所述，资源依赖理论从组织与环境关系的视角，为研究提供了清晰的理论框架，揭示了政府制度性支持在提升企业绿色创新绩效中的关键作用，同时阐明了企业通过整合外部资源实现战略转型和提升绿色创新绩效的内在机制。

2.2.4　高阶梯队理论

Hambrick 和 Mason 在 1984 年首次提出"高阶梯队理论"，并在其经典论文《高阶梯队：组织作为高层管理者的反映》中系统阐述了该理论，开启了对高层管理者在企业决策中作用的系统性研究[210]。与传统经济学中假设的"理性人"不同，高阶梯队理论基于"有限理性"假设，深入探讨了高层管理者在复杂环境下决策时的心理过程及其对企业战略与绩效的深远影响[42]。这一理论的提出，标志着管理学界对管理者角色认知的重大范式转变，凸显了高层管理者的认知能力和价值观在企业行为与绩效中的核心作用[47]。高阶梯队理论的核心观点在于，高层管理者对外部环境的认知深刻影响企业的战略制定与绩效表现[42]。这一认知过程不仅受到管理者自身的知识背景、经验和技能的影响，还与其个人价值观、信念及情绪状态密切相关[211]。管理者的知识结构、认知偏差以及注意力分配等内在特质，通过决策过程潜移默化地影响企业的战略选择，从而对企业绩效产生直接或间接的作用[48]。通过强调高层管理者在组织中的关键地位，高阶梯队理论为解释企业行为和绩效差异提供了新的理论视角，并引发了对管理者个体特质与组织绩效之间关系的广泛深入研究。

高阶梯队理论为分析管理者对企业战略行为和绩效结果的影响提供了系统性且具有解释力的理论框架。该理论深入探讨了在复杂且不确定的外部环境中，管理者的认知结构和价值取向如何塑造战略选择并影响企业绩效[212]。研究表明，即使人口统计特征相似的管理者团队，也会由于不同的心理特征导致不同的战略调整决策，仅考虑客观特征无法准确考察管理者团队特征对企业行为的影响[47]。这意味着,即便团队成员在年龄、性别或教育背景等人口统计特征上趋于一致,个体心理特征(如自恋、傲慢或谨慎)仍会显著影响其战略调整和资源配置决策。此外,高阶梯队理论强调,企业的资源配置高度依赖于管理者对外部环境的感知和解读,而这种感知与解读又受到其注意力分配和引导的制约[174]。在快速变化且充满不确定性的经济社会环境中,管理者面临的信息是有限的,他们往往根据注意力焦点主观地选择、筛选并加工信息。这一过程对企业的战略选择和绩效表现产生深远影响[213]。管理者稀缺的注意力资源在战略决策与活动设计中起到了关键的导向作用[197]。例如,管理者对环境因素的注意力焦点可以引导企业将制度规则、资源禀赋及社会关系等关键资源优先配置于绿色创新领域,从而推动绿色发展[8]。综上所述,本书以高阶梯队理论为理论基础,深入探讨管理者的过度自信和环境注意力在经济政策变化背景下,通过战略变革提升企业绿色创新绩效的权变效应。这一研究不仅为理解管理者心理特征对企业战略决策的作用提供了新的视角,还为探索如何在经济政策变化中实现企业的可持续发展提供了重要的理论支持。

2.3 经济政策变化对企业绿色创新绩效影响机制模型与理论框架

2.3.1 经济政策变化对企业绿色创新绩效影响机制模型

"机制"一词最初源于对机器的描述,用于指代其内部结构关系和工作原理。随着学科的发展,该概念逐渐被引入生物学领域,用于描述有机体内部的结构及其各部分之间的相互关系。此后,"机制"被引申至更广泛的研究领域,不再局限于描述有机系统的内部构造,而是被广泛用于解释自然现象和社会现象的内在结构及动态变化过程。具体而言,影响机制是指两个或多个变量通过特定的连接方式形成的关联关系,并通过某种作用过程实现相互作用。影响机制的内容主要包括结构关系和运行方式两个方面。结构关系指的是各要素之间如何相互联系、作用以及在整个系统中发挥的具体功能;运行方式关注各要素在动态互动中,一个变量的变化如何引发另一个变量变化的过程,从而揭示系统中的因果链条与动态演化模式。影响机制最早被广泛应用于金融领域,用以解释中央银行通过调整货币政策(如利率、汇率、信贷政策等中间渠道)如何在宏观经济环境的作用下影响经济指标的变化[214]。目前,关于影响机制的研究已在经济管理领域取得了广泛应用与深入探索。其应用不仅限于分析政策传导及效果评估[214],还扩展至技术创新[215]、市场变化[216]、风险控制[217]等领域。通过对影响机制的深入研究,学者们得以更全面地理解不同变量之间的互动模式,从而揭示经济社会系统的运行规律,并为科学决策和政策优化提供理论支持和实践指导。

借鉴已有相关研究[218],根据2.2节的理论分析,经济政策变化通过中介因素作用于企业绿色创新绩效,同时调节因素在这一过程中产生权变效应,共同构成了其影响机制的"结构关系"。首先,本书分析中介因素的影响路径及其对绿色创新绩效的直接作用。其次,结合调节因素的权变效应,进一步探讨不同情境强化或弱化经济政策变化对企业绿色创新绩效的影响。最后,鉴于经济政策变化对企业绿色创新绩效的影响是一个复杂且非线性的过程,涉及时间维度上的动态变化特征,有必要深入分析核心要素在时间上的变化规律。通过探索中介因素、调节因素与企业绿色创新绩效之间的动态关系,全面揭示经济政策变化下影响机制的"运行方式"。因此,影响机制包括三个研究内容:影响作用路径、权变效应和动态过程。在分析经济政策变化对企业绿色创新绩效影响作用路径的基础上,本书研究经济政策变化对企业绿色创新绩效影响的权变效应。在此基础上,本书综合作用路径和权变效应的研究结果,系统探索经济政策变化对绿色创新绩效影响的动态过程,从整体上揭示其长期影响模式与变化规律。

本书从作用路径和权变效应两个方面分析经济政策变化对企业绿色创新绩效的影响机制。首先,作用路径从两个角度展开:其一,探讨经济政策变化对企业绿色创新绩效的直接影响,旨在揭示经济政策变化所产生的直接效应路径；其二，引入战略变革作为中介变量，分析经济政策变化如何通过战略变革间接作用于企业绿色创新绩效，从而揭示出战略变革的中介效应。其次，在权变效应方面，从管理者认知特征与制度性资源要素的交互作用展开深入剖析。一方面，探讨管理者认知因素（如过度自信和对外部环境的关注程度）对经济政策变化与企业绿色创新绩效之间的关系的影响；另一方面，分析制度性支持要素（政府补贴与政治关联）与管理者认要素（过度自信与环境注意力）之间的复杂交互作用，进而构建经济政策变化对企业绿色创新绩效影响的权变模型。最后，鉴于经济政策变化对企业绿色创新绩效的影响过程包含多个动态反馈环节，仅从静态视角难以全面捕捉其复杂的运行机制。因此，结合作用路径与权变效应的研究成果，进一步采用系统动力学方法，从动态视角构建经济政策变化对企业绿色创新绩效的系统动力学模型，旨在揭示经济政策变化对企业绿色创新绩效复杂反馈的动态过程。基于以上分析，综合作用路径、权变效应与动态过程，构建影响机制模型，如图 2-1 所示。这一模型不仅直观展示了不同研究内容之间的逻辑关联，还为深入揭示经济政策变化与企业绿色创新绩效之间的复杂关联提供了一个分析框架。

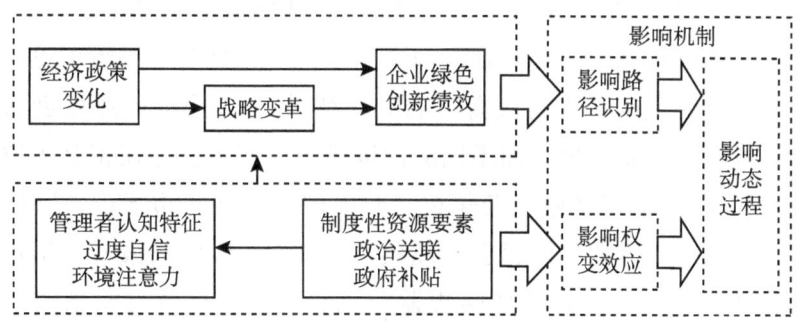

图 2-1　影响机制的分析框架

2.3.2　经济政策变化对企业绿色创新绩效影响理论框架

本小节围绕经济政策变化对企业绿色创新绩效的影响机制，从路径识别、权变效应与动态过程三个方面构建了系统性的理论框架。首先，经济政策变化主要表现为经济政策的变动性和模糊性。经济政策的频繁变动促使企业更加关注绿色创新,以增强其抗风险能力和环境适应能力;而经济政策的模糊性则驱使企业采取前瞻性措施,通过绿色创新提升资源配置效率并获取竞争优势。在应对经济政策变化的过程中,企业通过战略变革明确绿色创新的优先地位与发展方向,确保绿色创新活动与整体战略目标的一致性。因此,经济政策变化不仅直接激励企业绿色创新,还通过推动战略变革,间接提升企业的绿色创新绩效。其次,在面对经济政策变化时,管理者基于自身的认知特征,结合政府提供的制度性资源要素,感知经济政策变化带来的威胁与机遇。管理者认知特征的差异化与制度性资源要素的异质性共同构成了企业应对经济政策变化的特定情景。这一情景不仅影响战略变革的决策过程,还决定了战略变革如何嵌入组织实践并产出绿色创新绩效。最后,随着时间的推移,组织惯性和技术瓶颈逐渐显现,使绿色创新过程面临越来越多的障碍,导致其整体效率逐渐下降。因此,企业的绿色创新过程呈现逐步演化的特征,不同时间节点上呈现出不同的路径和特征。基于制度逻辑理论、组织变革理论、高阶梯队理论和资源依赖理论,提出影响机制分析的理论框架。这一框架从多理论视角出发,系统整合路径识别、权变效应与动态过程的研究内容,以深入揭示影响机制。具体阐述如下:

首先,影响机制中的直接效应与中介效应。根据制度逻辑理论,组织行为是在不同制度逻辑之间权衡与选择的结果[188]。企业的绿色创新决策动机由不同制度逻辑主导,而不同的制度逻辑之间可能存在相互矛盾或相互补充的关系[187]。经济政策变化在"政府逻辑"和"市场逻辑"的双重驱动下,显著提高企业的绿色创新绩效。一方面,经济政策变化增加了企业的经营风险,激发了其"风险规避"动机。出于对政策规制的遵循要求,企业依据"政府逻辑"通过绿色创新减少合规风险,从而应对政策的变化,避免风险叠加[184]。另一方面,经济政策变化加剧了市场竞争。受"市场逻辑"驱动,企业借助绿色创新提升竞争力,满足市场对环保产品的需求,同时开拓新市场机会[186]。因此,经济政策变化促使企业兼顾"政府逻辑"和"市场逻辑"之间做出优化决策,从而提升绿色创新绩效。基于组织变革理论,企业在应对经济政策变化时需要持续进行战略调整、资源配置优化与高效管理决策，以在复杂多变的环境中维持生存发展[73]。经济政策变化上升意味着企业面临着更加频繁的政策变动以及难以预测的制度环境。在这种背景下，企业必须重新评估其面临的风险和机遇，并积极调整战略目标和方向，以确保其生存和发展[130]。通过战略变革，企业可以克服惯性思维，重塑组织架构，从而提升资源的整合能力，实现外部机会与内部资源的有效结合[219]。企业的战略变革程度越高，其创新思维就越能被激发，从而推动企业积极运用绿色材料、设备和工艺，推出绿色创新产品和服务，提升绿色创新绩效[220]。

其次，管理者认知特征和制度性资源要素会调节经济政策变化对企业绿色创新绩效的影响。高层梯队理论认为，管理者的认知特征对企业战略方向和绩效具有显著影响[221]。管理者过度自信通过改变其对外部环境的分析和判断，影响战略决策[138]。由于绿色创新在短期内可能面临风险与收益的不匹配，过度自信的管理者往往倾向于回避短期风险，从而削弱其推动企业进行绿色创新的意愿。在应对企业复杂体系及外部环境变化时，绩效水平取决于管理者的信息筛选与识别能力，而这一过程受其注意力焦点的显著影响[174]。当管理者将更多注意力集中于环境问题时，其对绿色创新的合法性和机遇性认知水平更高，从而更可能将绿色创新置于企业战略的核心位置。这种注意力特征驱动管理者优先将有限资源分配至绿色技术创新，进而推动企业实施前瞻性绿色创新行为[213]。基于资源依赖理论，政府补贴与政治关联作为关键外部资源，对企业的生存与发展发挥了关键作用[148]。政府补贴作为一种正式制度支持资源，在短期内改善了企业的财务表现强化了管理者的自信。这种强化可能使管理者误将成功归因于自身能力，而忽视了补贴效应的暂时性和可能的虚假性[151]。因此，这些制度性支持可能促使管理者对企业前景产生过度乐观预期，从而低估政策变化所带来的潜在风险与机遇[222]，不利于绿色创新绩效的提升。此外，政治关联作为非正式制度性支持的重要途径，为企业在信息获取和资源配置方面提供了显著的优势[207]。然而过度依赖这种非正式支持关系可能导致管理者产生过度自信，进而低估外部政策变化带来的潜在风险和威胁[208]。政府补贴和政治关联在一定条件下也能积极促进企业绿色创新绩效。政府补贴则通过降低融资约束，为绿色创新活动提供关键的经济支持[223]，有效缓解了绿色创新所面临的资金压力；而政治关联通过帮助企业更好地获取政策支持与信息资源，促使管理者进一步认识到可持续发展的战略意义。这些独特且难以模仿的外部资源不仅提高了管理者对环保议题的关注度，还推动了企业在绿色创新方面的投入与发展，最终显著提升了企业的绿色创新绩效。

最后，前述影响会随时间变化，影响过程具有高度复杂性，受多种内外部因素作用，并呈现出明显的系统性特征。在时间维度上，经济政策变化对企业战略变革的促进作用会随着时间逐渐减弱。在初期阶段，企业主要专注于风险规避和信息收集，以快速应对政策环境的突发变化。随着企业逐步适应变化，组织开始强化应对能力，通过系统性的结构调整、流程优化和创新活动应对变化[224]。然而，随着时间的推移，为了减少摩擦成本与组织疲劳，企业的战略变革逐渐固化，变革的频率与力度显著下降[225]。通过战略变革，企业能够在学习曲线与资源集中效应的作用下迅速积累经验，将绿色创新成果有效转化为实际绩效[226]。初期阶段的大量资金、技术与人力投入支持企业在试错与调整过程中不断优化绿色创新绩效。随着技术与资源瓶颈的逐步显现，研发成本不断上升，绿色创新效率下降，新成果的产出难以持续，最终导致绿色创新绩效趋于平稳甚至停滞。从系统科学的视角来看，绿色创新过程受到组织内外部多种因素的交互作用影响，这些因素不仅呈现线性关系，还包含复杂的非线性特征。当政策变化较小时，企业因对政策环境的模糊认知而降低风险偏好，采取保守态度，减少绿色创新的投入。然而，当政策变化超过某一阈值时，潜在风险超出企业容忍范围，企业被迫进行积极的战略调整，从而显著提升绿色创新绩效。当经济政策变化较大时，企业战略变革的多元化程度提高，而可重新配置的资源却显著受限，从而引发绿色创新与其他项目之间的资源争夺与矛盾[37]，最终导致绿色创新绩效增速放缓。因此，本书在明确经济政策变化对绿色创新绩效影响机制的作用路径和权变效应基础上，将时间因素纳入研究范畴，研究经济政策变化对绿色创新绩效影响机制的动态过程。本书的理论框架如图2-2所示。

第 2 章 经济政策变化对企业绿色创新绩效影响的理论基础

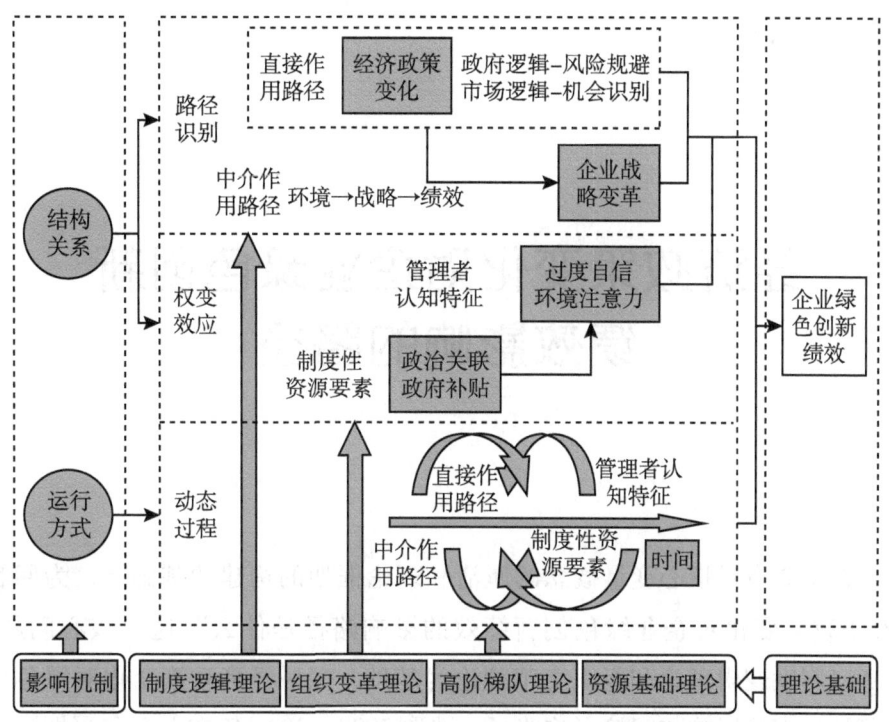

图 2-2 经济政策变化影响企业绿色创新绩效的理论框架

2.4 本章小结

首先，本章界定了企业绿色创新绩效、企业战略变革、经济政策变化、管理者过度自信、管理者环境注意力、政府补贴与政治关联等关键概念。其次，基于制度逻辑理论、组织变革理论、资源依赖理论和高阶梯队理论，分析影响路径、权变效应及动态过程，构建了机制模型和理论框架，为提出研究假设、进行实证分析和检验及仿真分析奠定了基础。

第 3 章

经济政策变化对企业绿色创新绩效影响的路径

在第 2 章对核心变量概念的厘清和理论框架的构建的基础上,为回答"经济政策变化对企业绿色创新绩效的影响路径是什么"这一核心问题,本章以制度逻辑理论和组织变革理论为基础,探讨经济政策变化对绿色创新绩效的直接影响与间接影响路径。选取 2008~2021 年在上海和深圳证券交易所上市的 A 股企业样本,借助实证分析手段对相关假设进行检验,为后续深入研究经济政策变化对企业绿色创新绩效的权变效应及其动态演变过程奠定坚实的理论基础和数据支撑。

3.1 经济政策变化对企业绿色创新绩效的直接影响

根据制度逻辑理论,组织的行为和决策不仅受到单一逻辑的约束,而是在多种并存的制度逻辑中寻求平衡与整合[183]。这些制度逻辑包括文化、规范性和规制性因素,它们通过不同的价值观和规则共同塑造了组织的行动选择[177]。当企业面临复杂且动态的外部环境时,往往通过发挥自身能动性来整合这些制度逻辑,以实现长期稳定的发展目标。现有研究表明,企业的环境行为通常受到政府逻辑和市场逻辑的双重影响[187]。这两种逻辑长期并存，并在企业内部产生张力与融合。政府逻辑以推动可持续发展和环境保护为核心，强调企业必须遵循政府提出的政策法规，以维护其在社会中的合法性[188]。该逻辑要求企业在运营决策中优先考虑社会责任和环境影响，满足政府对其生态责任的期望[227]。与此相对，市场逻辑则聚焦于企业经济效益的最大化，强调通过提升效率和竞争力来实现利润和股东价值的增长[179]。市场逻辑驱动企业不断寻求创新和优化，以提升竞争优势，确保市场份额和长期利润的稳定增长[186]。因此，企业在绿色创新决策过程中既要考虑如何在环境保护上达到政府政策的要求，又要通过市场化手段实现经济利益的最大化。因而认为，经济政策变化所带来的复杂性与动态性既蕴含风险也包含机遇，能够激发企业在政府逻辑和市场逻辑共同驱动下的风险规避与利润追求动机，从而推动绿色创新绩效的提升。具体理由如下：

首先，随着经济政策变化的提高，企业在政府逻辑驱动下获取合法性以对冲经营风险的动机增强，这在一定程度上推动了绿色创新绩效的提升。在经济政策变化增加的背景下，市场主体间的信息不对称现象愈加严重[228]，使得金融机构难以准确评估企业的风险水平与未来发展潜力[229]。在这种情况下，金融机构在放贷时更加谨慎，严格审查资金需求方的担保能力，增加了企业的融资约束与资本成本[101]。此外，经济政策变化对资本市场投资者情绪[85]和产品市场竞争格局[82]等多个层面的冲击，进一步加剧了企业内部现金流的不稳定性，并可能引发资金断裂等经营风险。在这一情境下，企业的风险规避动机显著增强，更多地将资源和精力投入规避潜在经营风险上，优先考虑提升风险应对能力，以确保长期稳定发展[230]。因此，在经济政策变化增强时，企业的风险规避动机显著增强，更加重视如何提升风险应对能力，确保自身的长期稳定发展[93]。在政府逻辑的作用下，企业为增强合法性以抵御经营风险的动机显著增强，从而进一步推动其开展绿色创新。绿色创新通过改进工艺、降低能耗和减少环境污染，直接降低企业因环境违规而受到监管处罚的风险，从而弱化了政策变化带来的经营风险叠加效应[104]。同时，绿色创新还能够帮助企业获得更多制度性资源以应对外部风险。在政府将绿色发展视为重要政治任务的背景下，企业绿色创新绩效因其较高的可察性和可验性，被视为传递积极、高质量信号的行为[203]。政府通常将企业的绿色创新绩效视为其愿意承担绿色发展责任的重要信号，因此更倾向于通过财政补贴、税收优惠和信息资源倾斜等方式对企业予以支持[231]，从而有效降低企业的风险敞口。综上所述，经济政策变化通过加剧经营风险，激发了企业在政府逻辑驱动下获取合法性的动机，从而促进了绿色创新绩效的提升。

其次，随着经济政策变化的增加，企业在市场逻辑驱动下提升竞争力以抓住发展机遇的动机显著增强，这对绿色创新绩效的提升具有积极影响。经济政策变化扩大了潜在的商业机会[95]，促使企业将资金投入技术研发领域，包括新技术开发、现有技术改进和创新产品研发等。通过利用创新产出的滞后效应，企业能够避开市场动荡期，并在滞后阶段的竞争中建立强大的技术壁垒[10]。然而，随着经济政策变化增强，企业创新活动的未来投资风险和收益也显著增加，这要求企业更为敏锐地识别和把握市场机遇[103]。在此情境下，市场逻辑驱动企业为建立竞争优势、抓住发展机遇而强化绿色创新的动机进一步增强。经济政策变化增强导致企业难以准确把握顾客需求和市场变化，却拓宽了绿色创新的期望利润空间。随着社会环保意识的增强，与其他创新项目相比，绿色创新在经济高度变动时期仍具有明确的市场发展前景[216]。由于绿色创新能够满足顾客环保需求，即使经济政策变化强度持续攀升，企业仍可借此获得竞争优势，提高收入和利润率[14]。领先企业为巩固市场优势，会加大绿色创新投入，提高产品和服务的环境友好性和资源利用效率[28]。落后企业则为了改善市场地位，避免被淘汰，也会增加绿色创新投入[18]。通过开发和推广绿色产品，企业不仅能够满足现有市场需求，还可以开拓新的市场机会，提升市场份额和客户忠诚度[27]。综上所述，经济政策变化通过创造机会窗口，激发了市场逻辑驱动下企业提升竞争力的动机，从而推动了绿色创新绩效的提升。由此，提出以下假设：

假设H1：经济政策变化与企业绿色创新绩效之间存在正相关关系，即经济政策变化增强会促使企业绿色创新绩效提升。

3.2 经济政策变化对企业绿色创新绩效影响的中介路径

3.2.1 经济政策变化对战略变革的直接作用

根据组织变革理论,企业需要不断调整战略行为,以保证经营战略与外部环境变化的合理匹配[232]。制度环境变化所引发的变化对企业战略变革具有显著的"倒逼"作用。当外部环境存在高度不确定性时,企业面临着市场动态、客户需求以及政策法规等多方面的持续变化,难以及时获取准确信息以制定有效决策[110]。为了维持行业竞争力,企业必须具备较高水平的动态能力,通过优化资源配置来适应外部环境的不断变化[142]。这要求企业克服因战略僵化引起的路径依赖和组织惯性,对制约其适应能力的技术、结构模式以及人员、产品和市场决策等领域进行全面革新[233]。当经济政策变化较小时,由于经营环境较为稳定,企业通常预期可以依靠现有的产品和市场地位在未来获得预期的利润,因而战略变革的内在驱动力较弱[195]。然而,当经济政策变化较大时,企业难以精准预判未来市场需求的波动以及政府的经济干预措施,从而面临更为复杂严峻的经营挑战[234]。在此背景下,企业必须不断提升并完善动态能力,以在复杂多变的外部环境中实现长期可持续发展[193]。动态能力的提升使企业能够有效整合各部门资源,增强部门间协同效应,或通过资源重新配置支持新的战略方向[235]。这种整合与重组能力确保企业在实施战略变革时能够高效利用资源,从而提高变革的实际效果。此外,动态能力的提升还增强了企业持续学习和吸收新知识的能力[221]。通过持续学习,企业能够积累经验与知识,优化并动态调整战略实施路径,以显著提高战略变革的成功率[131]。

战略变革不仅受到外部经济政策变化客观驱动的影响,同时也是管理者主观决策选择的结果[224]。经济政策变化增加了管理者认知的复杂性,从而显著提升了企业进行战略变革的可能性[133]。在频繁变动的经济政策环境中，管理者形成的认知与在稳定制度环境中形成的认知存在显著差异，这种差异具体体现在管理者对市场动态的理解、风险评估的方式以及战略决策的反应机制上[236]。首先，在企业与制度环境持续互动的过程中，管理者通过不断观察、分析和适应外部政策变化，将政策变化引发的战略调整因果关系纳入其认知框架[237]。随着时间的推移，这种认知框架的丰富化和复杂化提升了管理者的认知水平，使其更为有效地应对不断变化的环境挑战。其次，经济政策变化强化了管理者的注意力分配，促使其避免陷入认知惯性，并不断培养多元化的认知视角，进而进一步推动认知复杂性的提高[44]。最后，经济政策的变化激发了管理者的危机意识，促使其主动搜寻更多外部信息，并不断扩展知识结构。从有限理性的视角来看，由于管理者难以全面掌握经济政策变化对市场环境和企业经营带来的复杂影响，他们必须依靠自身的知识体系，持续地对政策变动进行深入理解和分析[238]。当经济政策变化增强时，管理者的信息分析能力和对变化的敏锐性显著增强，因此能够更迅速地做出战略响应[239]。根据上述分析，提出以下假设：

假设 H2a：经济政策变化对企业战略变革具有正向影响，即经济政策变化越大，战略变革的程度越大。

3.2.2 战略变革对企业绿色创新绩效的直接作用

为了获得可持续竞争优势，企业需要在资源的掌控和协调方面抢占先机，率先采取动态战略应对环境变化，并在战略制定与执行过程中保持高度的前瞻性[110]。绿色创新是一种促进商业与自然环境协调发展的模式，作为企业主动实施的环保措施，其目标是减少生产经营活动对自然环境的负面影响[8]。在战略变革过程中，那些具备前瞻性并积极实施绿色创新的企业，相较于竞争对手，更有可能获得核心竞争力并实现可持续的竞争优势[19]。与被动实施绿色创新的企业相比，主动推动绿色创新的企业在环保技术及相关项目上的投入更可能帮助其建立长期可持续的竞争优势[44]。这些企业不仅在技术投资方面展现出战略性的前瞻性，还会对产品生命周期中的各环节——包括材料选择、生产过程、分销、包装、使用以及废弃物处理——所产生的环境压力进行系统性和全面化的评估[240]。主动开展绿色创新的企业倾向于积极承担环境责任，快速响应自然环境变化所带来的挑战，从而在污染防治到产品生产的各环节中推行全面环境管理。这种全面且前瞻性的环境管理策略不仅是企业实现可持续发展的关键途径，更是其赢得持久竞争优势的重要战略基础[241]。

战略变革作为企业应对外部环境变化和内部发展需求的重要手段，对绿色创新具有显著的推动作用。首先，在实施战略变革时，企业通常会重新审视自身行为与政府规制以及市场环保需求之间的差距，从而不断探索和提升自身的可持续发展能力[220]。近年来，随着自然环境持续恶化，政府通过"有形之手"加大环境规制力度，促使企业将环境可持续发展的愿景和使命纳入其核心战略目标[11]。战略变革通过对现有资源的灵活配置，增强了企业在绿色创新方面的资源构建、整合和撬动能力，同时激发了企业利用绿色创新来填补差距的强烈意愿[242]。其次，战略变革通常要求企业重新定位市场，这有助于识别绿色消费需求和新的市场机会。随着外部环保市场需求的增长和市场细分的不断深化，企业通过战略变革激发了绿色转型的主动性，从而显著提升绿色技术创新的绩效[44]。绿色创新不仅能够减少生产过程中的资源浪费、提升生产效率，还可以强化企业声誉，助力其树立绿色形象[33]。再次，战略变革还带来企业文化的深刻变革，这种文化转变全面增强了企业的环保意识和社会责任感[243]。通过新的战略定位和目标设定，企业可以将绿色理念深植于组织文化之中，激励员工更加积极地参与绿色创新活动。这种文化变革促使员工在日常工作中更加关注环境保护，提升他们对绿色发展的认同感和使命感[244]。员工对企业的满意度和信任感进一步提高，从而激发其工作参与度，推动其为实现企业可持续发展目标而努力[245]。最后，战略变革通常伴随着组织结构的优化调整，显著提高了绿色创新项目的协调与执行效率[233]。通过重新设计组织结构，企业能够建立更加灵活的工作团队，增强跨部门协作能力，减少沟通障碍和信息延迟[134]。这种结构调整促进了不同专业领域之间的深度融合，推

动了跨部门的知识共享和技术交流,为绿色创新提供了更加多元化的支持和更强大的创新动力[41]。由此,提出如下假设:

假设 H2b:战略变革对企业绿色创新绩效具有正向影响,即战略变革越大,企业绿色创新绩效的水平越高。

3.2.3 战略变革的中介作用

从组织变革的视角来看,不同企业在整合、构建和重新配置内部与外部资源和能力方面表现出显著差异,这使得即使面临外部环境变化中相似的潜在威胁与机遇,企业依然会选择不同的经营行为来实现长期稳定发展,这是企业绩效差异产生的重要原因。当前,中国正处于特殊的经济发展时期,经济政策的变化对企业经营的影响尤为显著[137]。企业为适应不断变化的环境,通常通过战略变革,如调整业务结构、优化资源配置和加强技术研发等措施,来提升自身的抗风险能力[230]。因此,战略变革是企业应对经济政策变化的核心路径。经济政策变化导致企业面临新的风险[93],为应对这种风险,企业通常会采取风险规避策略,如增加流动资金储备、调整投资组合等[86]。绿色创新成为企业在严格环保法规下保持合规的重要手段,帮助企业避免处罚和额外成本[21]。此外,绿色创新还助力企业开拓新市场,满足消费者对环保产品的需求,从而提升市场收益[246]。通过优化运营流程、提高资源利用效率,绿色创新不仅降低了运营风险,同时显著提升了企业的财务稳健性和融资能力。因此,企业通常将绿色创新视为一种风险对冲策略,通过增加绿色投资来减少经济政策变化带来的经营风险。战略变革通过调整企业战略重点和资源配置,显著推动了绿色创新研发的投入[220]。企业会重新审视其资本结构,优化投资组合,并加大绿色创新和技术研发方面的投入,以确保在政策变化中保持稳健发展[146]。这一变革不仅体现在资金和人力资源的倾斜上,还包括对研发设施的升级和技术合作的深化。通过战略调整,企业能够更加聚焦于环保技术的开发和应用,加速绿色技术的迭代升级和创新成果的转化[44]。

战略变革作为企业主动探索与调整的重要手段,是应对经济政策变化并抓住发展机遇、提升绿色创新意愿的关键路径。战略变革能够帮助企业识别并把握经济政策变化所带来的发展机会。在这一过程中,企业通过持续学习与优化经营策略,不断增强其市场竞争能力[247]。战略变革有助于提升企业对环保市场需求的敏感度及反应度,强化企业绿色创新意愿[236]。在实施战略变革的过程中,企业会主动引入环境保护与资源节约领域的先进技术、方法和理念,确保可持续发展被纳入企业战略的核心目标,并持续指导企业调整发展方向[8]。这一过程不仅推动了企业在环境保护技术上的创新,也促进企业采用绿色材料、绿色设备和绿色工艺,从而进一步增强企业的创新意识与能力[213]。此外,战略变革还能够有效推动组织学习与能力提升[131],特别是在绿色技术研发与环保管理创新方面。通过这一学习过程,企业在面对经济政策变化增强时,能够更为敏锐地捕捉潜在的市场机遇,并基于这些机遇进行战略调整,从而显著提升绿色创新绩效[226]。因此,经济政策变化增强不仅为企业带来了潜在的风险,也创造了更多的发展机遇,进一步促使企业实施有利于绿色创新绩效的战略变革。基于以上分析,本章基于组织变革视角,探讨经济政策变化、战略变革以及绿色创新绩效之间的理论联系,提出战略变革可能在经济政策变化与绿色创新绩效之间发挥中介作用的研究假设。由此,可以做如下假设:

假设 H2c:战略变革在经济政策变化与企业绿色创新绩效之间发挥着中介效应。

3.3 实证分析

3.3.1 数据来源

本章以 2008~2021 年在上海和深圳证券交易所上市的 A 股企业为研究样本,开展实证分析。企业绿色创新绩效的数据来源于国家知识产权局和万得数据库;经济政策变化数据来源于网站 https://economicpolicyuncertaintyinchina.weebly.com/;战略变革、企业特征及财务相关数据均从 CSMAR 数据库中获取。为确保样本选择的科学性、客观性与合理性，本章采用以下筛选步骤：首先，剔除在境外市场同时上市的企业；其次，排除在研究期间被标记为 ST 和 PT 的公司；最后，筛选出 2603 家上市企业，覆盖 2008~2021 年的 17591 个样本观测值。具体的样本行业分布详见表 3-1。样本涵盖了 17 个行业，其中制造业企业的样本占比最高，为 42.067%；而居民服务、修理及其他服务业的样本占比最低，仅为 0.384%。

表 3-1　　　　　　研究样本企业行业分布

行业门类	样本数	占比（%）
制造业	1095	42.067
交通运输、仓储和邮政业	282	10.834
电力、热力、燃气及水生产和供应业	194	7.453
建筑业	167	6.415
批发和零售业	166	6.377
信息传输、软件和信息技术服务业	165	6.338
住宿和餐饮业	110	4.225
采矿业	89	3.419
房地产业	88	3.380
农、林、牧、渔业	69	2.650
公共管理、社会保障和社会组织	63	2.420
租赁和商务服务业	28	1.075
水利、环境和公共设施管理业	25	0.960
科学研究和技术服务业	21	0.806
文化、体育和娱乐业	18	0.691
卫生和社会工作	13	0.499
居民服务、修理和其他服务业	10	0.384
总计	2603	100

资料来源：作者整理绘制。

3.3.2 变量测度

3.3.2.1 经济政策变化的测度

本小节主要探讨经济政策变化的测度方法。如前文2.1.3所述，它难以直接观察[248]。现有研究中，针对经济政策变化的测量方法可概括为以下四种。

第一种方法，将经济政策变化视为经济活动和市场行为不稳定性的一种表现，通过衡量波动性和变异性进行间接测量。这类方法通常采用GDP离差[249]、金融市场波动率[143]、VIX指数[250]等宏观和微观层面的代理变量。虽然这些指标具有较为直观的经济含义和解释力，但其难以全面反映变化冲击，同时指标间的相关性也可能影响其适用性。

第二种方法，将经济政策变化归因于政治变化的潜在影响，使用选举年份[251]、重大政治事件[252]以及官员更替[75]等因素作为替代指标。这类方法能够反映政治环境变化对经济政策的潜在波动影响，强调政府在经济政策变化中的"源头"作用。然而，由于选举年份的固定性以及政策调整的时变性，这种方法在刻画经济政策变化方面存在一定的局限性。

第三种方法，基于人们的主观感知来衡量经济政策变化[253]。这一方法利用受访者对特定经济指标（如GDP增长率、通货膨胀率和失业率等）的预期偏差，或通过分析分析师对这些指标的不同意见来表示[254]。在此框架下，变化程度与预期偏差或分析师意见分歧的大小正相关，反映出不同经济主体对未来经济状况的不同看法[255]，但其面临数据收集困难、样本代表性不足以及受访者主观偏差等问题。

第四种方法，通过文本分析法，计算新闻媒体中与经济政策变化相关的关键词出现频率，构建一个反映公众与媒体对政策变化关注程度及其波动的指数。这一方法由Baker等（2013）首次提出，用于构建美国经济政策变化指数以及覆盖28个国家和地区的指数[256]。在测算中国经济政策变化方面，Baker等（2016）通过《南华早报》的文本分析构建了中国经济政策变化指数,但由于其内容更贴近香港经济,难以全面反映内地的经济政策变化[5]。为提高准确性,Davis 等(2019)[257]及 Huang 和 Luk(2020)[258]分别使用中国内地不同媒体的报纸作为数据来源,构建了中国经济政策变化指数。这种方法因其测度简单、时效性强、灵活性高,得到了学术界的广泛认可。其中,Huang 和 Luk(2020)[258]的指标涵盖了中国内地 114 份新闻报纸,相比于 Davis 等(2019)[257]仅基于《人民日报》和《光明日报》的指标,数据来源更为广泛,有助于减少单一数据源可能引起的偏差。因此,本书选用 Huang 和 Luk(2020)[258]所构建的外生经济政策变化指标,作为衡量经济政策变化的代理变量。

3.3.2.2 企业战略变革的测度

遵循傅皓天等(2018)[130]、万赫等(2021)[73]、Andrus 等(2023)[194]提出的测度方法,采用战略资源配置的年度波动性来量化战略变革,具体步骤如下:(1)收集以下六个维度的资源数据:财务杠杆(负债/股东权益)、非生产性支出(非生产性支出/营业收入)、广告强度(广告费用/营业收入)、库存水平(库存/营业收入)、固定资产更新率(固定资产净值/固定资产总值)、研发强度(研发费用/营业收入)。(2)基于四年窗口期 $[t-1, t+2]$,计算上述六个指标在该窗口期内的方差,以分析这些指标在不同时间段内的波动程度。其中,t 分别选取 2009 年、2011 年、2013 年、2015 年和 2017 年,从而捕捉这些年份中上述资源配置指标的动态变化特征。(3)对六个指标的方差进行年度和行业维度的标准化处理,以确保不同年份和行业之间数据的可比性,从而消除时间和行业差异对结果可能产生的影响。(4)通过计算标准化后的六个指标的平均值,得到企业的战略变革水平(STR)。该平均值越大,表明企业在战略资源配置方面的调整和变化越显著,反映出更高的战略变革程度。

3.3.2.3 企业绿色创新绩效的测度

参考 Pfister 等(2021)[259]、Pan 和 Dong 等(2023)[260]、刘祎等(2024)[261]等的研究,从数量和质量两个角度衡量企业绿色创新绩效。一方面，借鉴朱雪忠和胡成（2021）[127]的研究，以绿色创新专利数量作为衡量指标。通过整理各企业的绿色专利申请数据，并根据绿色专利的 IPC 分类号进行分类统计，确定每家企业的绿色专利申请量，以此反映其绿色创新绩效的数量维度。另一方面，参考白旭云等（2019）[202]、Huang 等（2022）[262]和冯熹宇等（2023）[128]的做法，在稳健性检验中，引入绿色专利引用量作为衡量绿色创新质量的指标。专利引用量能够反映专利的影响力以及技术创新的深度，从而有效捕捉企业的绿色创新质量的内涵。

3.3.2.4 控制变量

为更好地检验影响机制，借鉴 Triana 等（2019）[263]及张铂晨和赵树宽（2022）[203]的研究，将可能影响战略变革和绿色创新绩效的因素纳入模型作为控制变量，如表 3-2 所示。具体而言，控制了企业的规模（SIZE）、资产收益率（ROA）、资产负债率（LEV）、现金流比率（CASH）、董事会规模（BOD）、独立董事比例（DEP）、股权集中度（TOP）、"两职合一"情况（DUAL）。其中，企业规模以年末总员工数的自然对数表示；资产收益率用企业净利润与总资产的比值表示；资产负债率用企业总负债对总资产的占比表示；现金流比率通过企业现金流量与总资产的比值来衡量；董事会规模用董事会人数的自然对数来表示；独立董事比例计算为独立董事人数占董事会总人数的比例；股权集中度以第一大股东持股比例与公司总股本的比例来衡量；"两职合一"情况以虚拟变量表示，若董事长与总经理为同一人，则赋值为 1，否则为 0。通过引入上述控制变量，力求在模型中剔除非核心变量的干扰，从而更加准确地分析经济政策变化对战略变革和绿色创新绩效的影响路径。相关变量测度详见表 3-2。

表 3-2　　　　　相关变量名称及其测度

变量类型	变量名称	符号	测度
因变量	企业绿色创新绩效	CGI	绿色专利申请量数量
自变量	经济政策变化	EPC	Huang 和 Luk（2020）构建 EPC 指数月度平均值/100

续表

变量类型	变量名称	符号	测度
中介变量	战略变革	STR	战略性资源的六个维度方差标准化水平
控制变量	企业规模	SIZE	Ln（年末总员工数）
	资产负债率	LEV	总负债/总资产
	资产收益率	ROA	净利润/总资产
	现金流比率	CASH	现金流/总资产
	董事会规模	BOD	Ln（董事会人数）
	独立董事比例	DEP	独立董事人数/董事会总人数
	股权集中度	TOP	第一大股东持股比例/总股本
	"两职合一"	DUAL	虚拟变量，董事长与总经理是同一个人为1，其他为0

3.3.3 模型构建

为了考察经济政策变化对企业绿色创新绩效的直接影响，构建如下模型对假设 H1 进行检验，具体回归方程如式（3-1）所示：

$$GI_{it} = \alpha_1 + \alpha_2 EPC_{it} + \alpha_3 Controls_{it} + u_{it} \quad (3-1)$$

基于本章的样本特征，添加企业虚拟变量以及行业虚拟变量，从而得到本章的基准模型（3-2）：

$$GI_{it} = \alpha_1 + \alpha_2 EPC_{it} + \alpha_3 Controls_{it} + firms + industry + u_{it} \quad (3-2)$$

其中，GI_{it} 表示企业绿色创新绩效；EPC_{it} 表示经济政策变化；$Controls_{it}$ 为控制变量集合，u_{it} 为随机扰动项。firms 和 industry 分别代表企业虚拟变量和行业虚拟变量，i 代表第 i 个企业，t 表示第 t 年。

在考察经济政策变化与企业绿色创新绩效关系后，进一步验证战略变革在经济政策变化与企业绿色创新绩效之间的中介路径。依据 Baron 和 Kenny 提出的"层级回归法"依次检验回归系数验证中介效应[264]，具体步骤如下：

（1）构建实证模型分析经济政策变化与战略变革之间的关系，对假设 H2a 进行检验，见式（3-3）。

$$STR_{it} = \alpha_1 + \alpha_2 EPC_{it} + \alpha_3 Controls_{it} + firms + industry + u_{it} \quad (3-3)$$

(2) 构建实证模型分析战略变革与企业绿色创绩效之间的关系,对假设 H2b 进行检验,见式(3-4)。

$$GI_{it} = \alpha_1 + \alpha_2 STR_{it} + \alpha_3 Controls_{it} + firms + industry + u_{it} \quad (3-4)$$

(3) 构建实证模型分析战略变革作为中介路径,对假设 H2c 进行检验,见式(3-5)。

$$GI_{it} = \alpha_1 + \alpha_2 EPC_{it} + \alpha_3 STR_{it} + \alpha_4 Controls_{it} + firms + industry + u_{it} \quad (3-5)$$

其中,STR_{it} 表示战略变革;$Controls_{it}$ 为控制变量集合;firms 和 industry 分别为企业虚拟变量以及行业虚拟变量;u_{it} 为随机扰动项。i 是企业标识,代表第 i 个企业;t 是时间标识,表示第 t 年。

3.3.4 实证结果

3.3.4.1 描述性统计

表 3-3 列出了影响路径研究相关变量的描述性统计结果。其中,经济政策变化的均值为 1.258,最小值和最大值分别为 0.921 和 3.904,标准差为 0.556。这一结果表明,研究期间经济政策变化存在较大的波动性,反映出政策调整的频繁性及其显著的变动幅度。这种波动性不仅反映了各阶段经济主体面对的政策环境差异,也对企业的经营决策、投资行为乃至整体经济运行产生了重要影响。企业绿色创新绩效的均值为 2.304,最小值和最大值分别为 0 和 1376,标准差为 28.28。这一结果表明,研究期间企业绿色创新绩效相对较低,多数企业绿色创新绩效仍有待提高,各企业间的绿色创新绩效差异显著。图 3-1 展示了 2008~2021 年研究样本中企业绿色创新绩效的折线图。从图 3-1 中可以观察到,研究期间企业绿色创新绩效呈现出整体上升趋势。然而,进一步分析显示,高质量的绿色创新(以发明专利数量衡量)相较于实用型专利数量仍有一定程度的不足。这表明,尽管企业在绿色创新数量上有所提升,但在创新质量方面仍有较大的改进空间。此外,中介变量的描述性统计结果表明,样本企业的战略变

革水平整体偏低,且企业间差异较为显著(Mean = 0.677,SD = 0.728)。大部分企业的战略调整程度较低,反映出在应对政策环境变化和推动绿色创新方面,企业的战略变革仍有待加强。

表3-3　　　　　　　　相关变量描述性统计

变量	平均值	中位数	最大值	最小值	标准差	样本量
CGI	2.304	0.000	1376.000	0.000	28.280	17591
EPC	1.258	1.109	3.904	0.921	0.556	17591
STR	0.677	0.514	11.610	0.000	0.728	17591
SIZE	7.764	7.699	11.180	3.555	1.343	17591
ROA	0.042	0.037	0.257	-0.343	0.054	17591
LEV	0.463	0.473	0.908	0.027	0.211	17591
CASH	0.045	0.044	0.283	-0.222	0.073	17591
BOD	2.165	2.197	2.708	1.609	0.200	17591
DEP	37.170	33.330	60.000	25.000	5.384	17591
TOP	10.210	0.024	70.600	0.000	18.520	17591
DUAL	0.215	0.000	1.000	0.000	0.411	17591

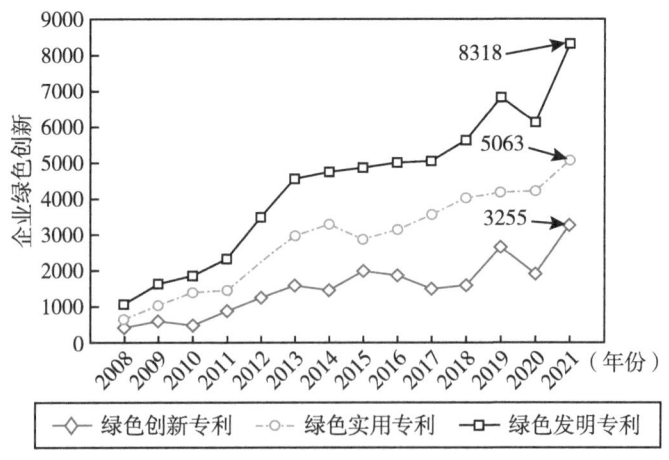

图3-1　企业绿色创新绩效折线图

3.3.4.2 相关性分析

表3-4展示了影响路径相关变量的Pearson相关系数矩阵和方差膨胀因子（VIF）检验结果。根据表3-4，经济政策变化正向影响企业绿色创新绩效（β=0.113,P<0.1），这一结果与前面提出的直接作用路径假设相一致。此外，经济政策变化与战略变革之间、战略变革与企业绿色创新绩效之间也均呈现出正相关关系（β=0.031,P<0.1；β=0.038,P<0.1），进一步验证了中介路径假设。在所选控制变量中，企业规模、企业年龄、资产负债率、现金流比率与董事会规模均与企业绿色创新绩效呈现正相关（β=0.147,P<0.1；β=0.025,P<0.1；β=0.046,P<0.1；β=0.053,P<0.1），而股权集中度则与企业绿色创新绩效负相关（β=-0.019,P<0.1）。这些结果与既有关于企业战略变革和绿色创新绩效的研究结论相符，进一步验证了相关理论的可靠性。最后，所有变量的VIF值均远低于8，表明变量之间不存在多重共线性问题，从而保证了后续假设检验结果的稳定性和有效性。

3.3.4.3 假设检验

表3-5列示了影响路径的回归分析结果。Model 1以企业绿色创新绩效为被解释变量，仅包含控制变量。从Model 1的结果可以看出，企业规模和"两职合一"与绿色创新绩效呈显著正相关关系（β=1.007,P<0.01；β=0.326,P<0.01），表明较大的企业规模和管理权力的集中化有助于提升绿色创新绩效。而资产收益率、资产负债率和股权集中度则与绿色创新绩效呈显著负相关关系（β=-5.372,P<0.01；β=-1.881,P<0.01；β=-0.029,P<0.01），显示出较低的盈利能力、高杠杆率及股权过度集中可能抑制绿色创新的发展。Model 2在Model 1的基础上引入自变量，以检验经济政策变化对企业绿色创新绩效的直接影响。结果显示，经济政策变化与企业绿色创新绩效之间存在显著的正相关关系（β=0.259,P<0.01）。这一结果表明，经济政策的变化能够显著促进企业的绿色创新绩效，支持并验证了假设H1。

表3-4 相关变量相关性系数矩阵

	变量	1	2	3	4	5	6	7	8	9	10	VIF
1	CGI	1										Mean = 1.26
2	EPC	0.113*	1									1.09
3	STR	0.038*	0.031*	1								1.02
4	SIZE	0.147*	0.246*	-0.107*	1							1.34
5	ROA	0.007	-0.041*	-0.008	0.014*	1						1.34
6	LEV	0.025*	0.176*	-0.009	0.326*	-0.392*	1					1.52
7	CASH	0.046*	0.021*	-0.023*	0.163*	0.360*	-0.150*	1				1.21
8	BOD	0.053*	0.009	-0.042*	0.241*	0.0085	0.151*	0.064*	1			1.42
9	DEP	0.013	0.055*	0.018*	0.021*	-0.029*	0.0036	-0.028*	-0.443*	1		1.29
10	TOP	-0.019*	-0.032*	-0.008	-0.212*	0.161*	-0.363*	-0.036*	-0.190*	0.061*	1	1.25
11	DUAL	0.008	0.008	-0.008	-0.094*	0.057*	-0.146*	-0.024*	-0.162*	0.088*	0.258*	1.09

注:* $P<0.10$;** $P<0.05$;*** $P<0.01$;EPC:经济政策变化;CGI:企业绿色创新绩效;STR:战略变革。

表 3-5 回归结果

变量	CGI		STR		CGI	
	Model 1	Model 2	Model 3	Model 4	Model 5	Model 6
SIZE	1.007*** (9.53)	0.801*** (7.80)	-0.051*** (-5.68)	-0.066*** (-7.30)	1.065*** (10.46)	0.889*** (9.01)
ROA	-5.372*** (-5.40)	-4.308*** (-4.41)	0.070 (0.62)	0.104 (0.92)	-4.474*** (-5.01)	-3.861*** (-4.14)
LEV	-1.881*** (-3.26)	-1.947*** (-3.46)	0.025 (0.50)	0.006 (0.13)	-1.748*** (-3.34)	-1.840*** (-3.58)
CASH	-1.286 (-1.53)	-1.952*** (-2.80)	0.036 (0.51)	0.016 (0.23)	-1.499** (-2.04)	-1.916*** (-3.07)
BOD	0.062 (0.15)	0.819* (1.77)	-0.003 (-0.07)	0.003 (0.07)	0.571 (1.54)	1.030** (2.44)
DEP	0.014 (1.09)	0.010 (0.59)	0.000 (0.14)	-0.000 (-0.10)	0.012 (1.01)	0.009 (0.66)
TOP	-0.029*** (-4.57)	-0.023*** (-4.63)	-0.000 (-0.16)	0.000 (0.40)	0.022*** (-4.63)	-0.020*** (-4.50)
DUAL	0.326*** (2.67)	0.374*** (3.27)	-0.025 (-1.49)	-0.026 (-1.57)	0.221* (1.90)	0.287*** (3.00)
EPC		0.259*** (5.99)		0.082*** (9.57)		0.201*** (5.09)
STR					0.374*** (6.57)	0.288*** (4.94)
常数项	-5.157*** (-3.28)	-5.159*** (-2.85)	1.032*** (6.86)	1.050*** (7.00)	-7.324*** (-5.23)	-6.770*** (-4.04)
Pseudo R2	0.8679	0.8754	0.507	0.511	0.8754	0.8795
固定效应	YES	YES	YES	YES	YES	YES
样本量	17591	17591	17591	17591	17591	17591

注：*P<0.10；**P<0.05；***P<0.01；括号内为稳健标准误差。
EPC：经济政策变化；CGI：企业绿色创新绩效；STR：战略变革。

Model 3 检验了控制变量对战略变革的影响。结果显示，企业规模与战略变革呈显著负相关（$\beta=-0.051, P<0.01$），表明规模较大的企业更容易受路径依赖的影响，倾向于延续现有战略而减少战略调整的意愿。此外，其余控制变量与战略变革之间未呈现显著相关性。Model 4 在 Model 3 的基础上加入经济政策变化变量后发现，经济政策变化与战略变革显著正相关（$\beta=0.082, P<0.01$）。这一结果表明，随着经济政策变化水平的提高，企业的战略变革程度也显著增强，从而验证了假设 H2a。Model 5 在 Model 1 的基础上加入战略变革变量，以分析其与绿色创新绩效之间的关系。结果显示，战略变革与绿色创新绩效显著正相关（$\beta=0.374, P<0.01$），表明战略变革程度的提高能够有效促进企业绿色创新绩效水平的提升，从而验证了假设 H2b。此外，基于"层级回归法"，在 Model 5 的基础上进一步加入经济政策变化变量。结果显示，在控制战略变革这一中介变量的情况下，经济政策变化与绿色创新绩效之间的关系仍然显著正相关（$\beta=0.201, P<0.01$），但其回归系数较 Model 2 有所下降（0.259 < 0.201）。与此同时，战略变革与绿色创新绩效的关系依然显著正相关（$\beta=0.288, P<0.01$）。这一结果验证了战略变革的部分中介作用，从而验证了假设 H2c。

进一步采用 Efron 和 Tibshiran（1994）提出的 Bootstrap 法进行检验以更准确地检验中介效应[265]，对样本进行抽取得到 Bootstrap 样本计算统计量的分布。Bootstrap 方法通过重复抽样判断 ab 的乘积项的显著性检验中介效应，该方法不要求 ab 的乘积项服从正态分布并能有效识别"遮掩效应"，从而显著克服了层级回归法的局限性，是对传统回归方程假设检验的有益补充。利用 Bootstrap 方法检验企业战略变革的中介效应路径，结果如表 3-6 所示。具体步骤如下：首先，采用 Bootstrap 方法检验经济政策变化对企业绿色创新绩效的总体影响效应，通过设置重复有放回收抽样 1000 次，计算总效应系数的 95% 置信区间。结果显示，总效应系数的 95% 置信区间排除 0（95% CI = [0.171, 0.347]，$\beta=0.258, P<0.01$），H1 再次得到验证。其次，分析经济政策变化对战略变革的影响，通过重复上述抽样步骤，结果显示，回归系数的 95% 置信区间同样排除 0（95% CI = [0.101,

0.149], β=0.125, P<0.01), H2a 再次得到验证。再次, 检验战略变革对企业绿色创新绩效的影响, 结果显示, 回归系数的 95% 置信区间同样排除 0 (95% CI=[0.174, 0.402], β=0.288, P<0.01), H2b 再次得到验证。最后, 为验证战略变革的中介效应, 对回归系数乘积 ab 进行 Bootstrap 重复抽样 1000 次。结果表明, 乘积项 ab 的 95% 置信区间排除 0 (95% CI=[0.019, 0.052], β=0.036, P<0.01), 路径中的直接效应系数的 95% 置信区间也排除 0 (95% CI=[0.129, 0.316], ab=0.223, P<0.01), H2c 再次得到验证。进一步计算显示, 中介效应占总效应的比重为 13.88%, 再次验证了战略变革的部分中介作用。

表 3-6　战略变革的中介效应 Bootstraping 检验

路径	效应	效应量系数	S.E.	95% 置信区间	
				置信下限	置信上限
EPC→GI	Total	0.258***	0.045	0.171	0.347
EPC→STR	—	0.125***	0.012	0.101	0.149
STR→GI	—	0.288***	0.058	0.174	0.402
EPC→STR→GI	Direct	0.223***	0.048	0.129	0.316
EPC→STR→GI	Indirect	0.036***	0.008	0.019	0.052
中介效应/总效应	0.1388				

注: *P<0.10; **P<0.05; ***P<0.01; 括号内为稳健标准误差。
EPC: 经济政策变化; CGI: 企业绿色创新绩效; STR: 战略变革。

3.3.4.4　异质性分析

如前所述, 经济政策变化可能源于现行政策的不稳定性以及执行过程中的模糊性[54]。经济政策涵盖多种类型, 不同政策类型在对企业绿色创新的影响方向和强度上各不相同。现有研究不仅广泛探讨了总体经济政策变化对企业行为的影响, 还深入分析了具体政策类型及其影响效应。因此, 对不同政策类别进行区分, 能够更清晰地揭示经济政策变动对企业绿色创新绩效的具体影响机制。本书采用 Huang 和 Luk (2020) 提出的经济政策变化指数, 该指数基于新闻媒体文本构建,并将其进一步细分为财政政策、货币政策和贸易政策性指标[258]。参考该方法,并结合 Ma 等 (2023) 的研究,通过选取特定关键词构建了环境政策变化指标,以揭示其对企业绿色创新绩效的影响[266]。不同政策变化对企业绿色创新绩效影响的回归结果详见表 3-7。在表 3-7 中,Model 1 至 Model 4 分别展示了将模型(3-2)的自变量替换为环境政策变化、财政政策变化、货币政策变化和贸易政策变化的回归结果。

表 3-7 异质性分析回归结果

变量	Model 1	Model 2	Model 3	Model 4
SIZE	0.842*** (8.10)	0.742*** (6.53)	0.771*** (7.05)	0.893*** (9.13)
ROA	-3.991*** (-4.07)	-4.307*** (-4.20)	-3.887*** (-3.77)	-4.766*** (-5.47)
LEV	-1.786*** (-3.07)	-1.586*** (-2.83)	-1.928*** (-3.36)	-1.860*** (-3.61)
CASH	-1.287 (-1.52)	-1.314 (-1.49)	-1.957** (-2.42)	-1.366* (-1.78)
BOD	0.276 (0.67)	0.486 (1.46)	0.613 (1.50)	0.549 (1.46)
DEP	0.008 (0.68)	-0.004 (-0.34)	0.006 (0.47)	0.001 (0.06)
TOP	-0.026*** (-4.57)	-0.020*** (-3.53)	-0.023*** (-4.36)	-0.024*** (-5.23)
DUAL	0.202 (1.64)	0.267** (2.20)	0.238** (2.06)	0.448*** (3.70)
CCPC	-0.598*** (-4.96)			

续表

变量	Model 1	Model 2	Model 3	Model 4
CFPC		1.457*** (4.61)		
CMPC			-0.662*** (-5.28)	
CTPC				0.229*** (9.83)
常数项	-3.055* (-1.91)	-4.876*** (-3.70)	-2.926* (-1.74)	-5.141*** (-3.63)
Pseudo R2	0.8755	0.8719	0.8747	0.8780
固定效应	YES	YES	YES	YES
样本量	17591	17591	17591	17591

注：*P<0.10；**P<0.05；***P<0.01；括号内为稳健标准误差。
CCPC：环境政策变化；CFPC：财政政策变化水平；CMPC：货币政策变化；CTPC：贸易政策变化。

表3-7显示，CFPC和CTPC的回归系数分别为1.457和0.229，且均在1%水平上显著，表明财政和贸易政策的变化对企业绿色创新绩效具有显著的正向影响。相反，CMPC和CCPC的回归系数分别为-0.662和-0.598，同样在1%水平上显著，表明货币和环境政策的变化对企业绿色创新绩效具有显著的负向影响。这一结果表明，不同类型的政策的变化对企业绿色创新绩效的影响在方向和强度上存在显著差异。具体而言，财政政策变化可能提高企业对未来潜在补贴的敏感性，促使企业加大对绿色创新的投入；贸易政策变化可能激励企业通过绿色创新提升国际竞争力，以应对外部市场的不稳定性；货币政策变化可能导致企业融资成本上升，限制绿色技术研发投入；环境政策变化可能增加企业的投资风险预期，从而降低其绿色创新的积极性。这些研究结果与Ren等（2024）[267]、Cao等（2024）[268]、Hu等（2023）[269]以及柏聪（2022）[270]关于不同类型的政策变化对企业创

新行为的影响研究结论一致。由此可见，政策领域的调整相互交织，形成了复杂的政策环境，企业需要同时应对多重政策变动的叠加效应。在这种背景下，不同政策领域的变化可能彼此叠加或相互抵消，对绿色创新绩效产生非线性效应或多重效应。因此，从经济政策变化的综合视角研究其对企业绿色创新行为的整体性和动态性影响，能够更贴近企业在复杂政策环境下的实际决策情境。这一视角不仅有助于企业在面对多重政策变化时制定更加有效的应对策略，以增强绿色创新能力和组织韧性，同时也为政策制定者提供了重要参考。政策制定者可以通过优化政策协调、降低不确定性影响，更好地平衡不同政策目标，最终推动经济的绿色化与可持续发展。

3.3.5　稳健性检验

为了确保研究结论的稳健性，采用三种方式进行稳健性检验。

第一，根据 Leyva – De 等（2022）的研究，采用替换核心变量的方式进行稳健性检验[49]。参考 Huang 等（2022）的研究[258]，使用绿色专利被引用数量替代因变量，并采用于文超等（2022）[271]使用政府人事变更衡量宏观层面的经济政策变化作为替代的自变量指标，对研究样本重新进行回归分析，回归结果如表3–8所示。表3–8的回归结果显示，在 Model 1 和 Model 2 中，替换后的自变量回归系数均显著为正（$\beta = 0.655, P < 0.01$；$\beta = 0.092, P < 0.01$），表明经济政策变化显著促进了企业的战略变革和绿色创新绩效；在 Model 3 中，战略变革的回归系数显著为正（$\beta = 0.619, P < 0.01$），说明战略变革显著提升了企业的绿色创新绩效；在 Model 4 中，经济政策变化与战略变革和企业绿色创新绩效的回归系数显著为正（$\beta = 0.562, P < 0.01$；$\beta = 0.117, P < 0.01$），表明战略变革是经济政策变化对企业绿色创新绩效产生影响的关键间接传导机制变量。基于以上分析，替换核心变量后的研究结果与前面的假设检验结果保持一致，进一步验证了研究结论的稳健性，表明检验结果具有较高的可靠性和可信度。

表 3-8 稳健性检验（替换核心变量）

变量	Model 1	Model 2	Model 3	Model 4
SIZE	0.601*** (7.10)	-0.066*** (-7.30)	0.590*** (5.52)	0.462*** (4.26)
ROA	-0.103 (-0.13)	0.104 (0.92)	-0.519 (-0.39)	-0.242 (-0.18)
LEV	-1.068*** (-2.78)	0.006 (0.13)	-0.747 (-1.27)	-0.897 (-1.52)
CASH	-0.856 (-1.49)	0.016 (0.23)	-0.645 (-0.77)	-0.805 (-0.96)
BOD	-0.612 (-1.59)	0.003 (0.07)	-1.811*** (-3.19)	-1.758*** (-3.10)
DEP	0.000 (0.04)	-0.000 (-0.10)	0.004 (0.23)	0.001 (0.07)
TOP	-0.004 (-1.06)	0.000 (0.40)	-0.007 (-0.83)	-0.004 (-0.45)
DUAL	0.127 (1.03)	-0.026 (-1.57)	0.242 (1.22)	0.230 (1.17)
EPC	0.665*** (6.51)	0.092*** (9.57)		0.117*** (3.01)
STR			0.619*** (5.94)	0.562*** (5.38)
常数项	-1.247 (-0.92)	1.050*** (7.00)	-0.535*** (0.30)	-0.741*** (0.41)
Pseudo R2	0.875	0.857	0.857	0.861
固定效应	YES	YES	YES	YES
样本量	17591	17591	17591	17591

注：*P<0.10；**P<0.05；***P<0.01；括号内为稳健标准误差。
EPC：经济政策变化；CGI：企业绿色创新绩效；STR：战略变革。

第二，通过构造工具变量并对研究样本进行二阶段最小二乘法回归，开展稳健性检验。构建有效的外生工具变量需要满足有效性和相关性两大基本条件，其中，相关性要求工具变量与内生解释变量之间存在显著相关性，而有效性则要求工具变量与被解释变量及其他随机误差项无关。借鉴 Yuan 等（2022）[272]的研究，选择每年提交给全国人民代表大会的提案数量的自然对数作为工具变量，符合工具变量有效性和相关性的基本要求。通过不可识别性检验和弱工具变量检验，验证了工具变量的有效性。工具变量二阶段最小二乘法回归结果显示，不可识别性检验和弱工具变量检验的统计量分别为 1014.772 和 1207.448，均显著大于 10 且处于 1% 的显著性水平，验证了工具变量的有效性。工具变量回归结果见表 3-9。根据表 3-9 中的回归结果，Model 1 和 Model 2 验证了假设 H1 和假设 H2a，Model 3 验证了假设 H2b，Model 4 验证了假设 H2c。基于此，控制潜在内生性影响后的研究结果与前面假设检验结果一致，表明研究结论稳健可靠。

表 3-9 稳健性检验（构造工具变量）

变量	Model 1	Model 2	Model 3	Model 4
SIZE	0.712*** (8.21)	-0.070*** (-7.56)	0.856*** (10.19)	0.774*** (9.19)
ROA	0.007 (0.01)	0.159 (1.40)	-0.598 (-0.61)	-0.042 (-0.04)
LEV	-1.209*** (-2.61)	0.021 (0.43)	-1.380*** (-3.10)	-1.287*** (-2.88)
CASH	-1.501** (-2.36)	0.005 (0.07)	-1.001 (-1.56)	-1.257* (-1.93)
BOD	0.442 (0.93)	0.012 (0.25)	0.450 (0.97)	0.666 (1.47)
DEP	0.003 (0.24)	-0.000 (-0.01)	0.007 (0.54)	0.004 (0.33)

续表

变量	Model 1	Model 2	Model 3	Model 4
TOP	-0.009** (-2.21)	0.000 (0.56)	-0.009** (-2.22)	-0.007* (-1.89)
DUAL	0.347** (2.37)	-0.027 (-1.62)	0.260** (2.38)	0.289** (2.51)
EPC	0.075*** (3.75)	0.033*** (8.76)		0.051*** (2.75)
STR			0.286*** (5.06)	0.246*** (4.43)
常数项	1.079*** (7.19)	-3.497** (-2.19)	-4.999*** (-3.37)	-4.786*** (-3.14)
R-squared	0.350	0.492	0.347	0.356
Waldchi2	1089.92	178.75	1092.7	1135.59
固定效应	YES	YES	YES	YES
样本量	17591	17591	17591	17591

注：*P<0.10；**P<0.05；***P<0.01；括号内为稳健标准误差。
EPC：经济政策变化；CGI：企业绿色创新绩效；STR：战略变革。

第三，重污染行业的企业通常面临更大的环境压力和政策风险，因此更加倾向于通过绿色创新提升可持续发展能力、优化资源配置，并增强对日益严格的环保法规和市场竞争的适应性[32]。基于Huang等（2023）的研究[273]，通过按照企业所属行业对样本进行拆分的方法，检验实证结果的稳健性。具体而言，研究样本依据是否属于生态环境部《上市公司环境信息披露指南》中列出的重污染行业，拆分为重污染企业样本和非重污染企业样本，并分别对两类样本进行回归分析。回归结果详见表3-10和表3-11。根据表3-10和表3-11的回归分析，当被解释变量为企业绿色创新绩效时，经济政策变化和战略变革的回归系数在两个样本中均显著为正（重污染样本中，β=0.417，P<0.01；β=0.459，P<0.01。非重污染样本中，

$\beta=0.107$，$P<0.01$；$\beta=0.238$，$P<0.01$），当同时将两者纳入回归模型时，系数仍显著为正（重污染样本中，$\beta=0.337$，$P<0.01$；$\beta=0.306$，$P<0.01$。非重污染样本中，$\beta=0.07$，$P<0.1$；$\beta=0.199$，$P<0.01$）；当被解释变量是战略变革时，经济政策变化的回归系数在两个样本中均显著为正（重污染样本中，$\beta=0.087$，$P<0.01$；非重污染样本中，$\beta=0.081$，$P<0.01$）。这些结果证明经济政策变化对企业绿色创新表现出显著的正向促进作用，而战略变革在这一关系中起到中介作用。因此，研究假设得到了验证，进一步确认了实证结果的稳健性。

表 3-10 稳健性检验（重污染企业样本）

变量	Model 1	Model 2	Model 3	Model 4
SIZE	0.663*** (5.89)	-0.053*** (-5.14)	1.146*** (9.41)	0.802*** (7.12)
ROA	-2.870*** (-3.02)	0.070 (0.52)	-5.451*** (-6.04)	-3.213*** (-3.55)
LEV	-1.621*** (-2.86)	-0.004 (-0.08)	-1.992*** (-3.37)	-1.922*** (-3.67)
CASH	-2.468*** (-3.65)	0.067 (0.86)	-0.687 (-0.84)	-2.118*** (-3.23)
BOD	-0.304 (-0.57)	0.068 (1.22)	-0.481 (-0.84)	-0.085 (-0.18)
DEP	-0.020 (-1.35)	-0.000 (-0.29)	-0.013 (-0.77)	-0.012 (-0.91)
TOP	-0.017*** (-3.76)	-0.000 (-0.06)	-0.017*** (-3.43)	-0.014*** (-3.37)
DUAL	0.348** (2.05)	-0.028 (-1.47)	0.419** (2.53)	0.380*** (2.67)
EPC	0.417*** (9.95)	0.087*** (8.36)		0.337*** (8.24)

续表

变量	Model 1	Model 2	Model 3	Model 4
STR			0.459*** (5.60)	0.306*** (4.10)
常数项	-1.302*** (-0.72)	0.834*** (4.77)	-5.279*** (-2.77)	-3.439** (-2.05)
Pseudo R2	0.7572	0.7954	0.7894	0.8022
固定效应	YES	YES	YES	YES
样本量	6498	6498	6498	6498

注：*P<0.10；**P<0.05；***P<0.01；括号内为稳健标准误差。
EPC：经济政策变化；CGI：企业绿色创新绩效；STR：战略变革。

表3-11　　稳健性检验（非重污染企业样本）

变量	Model 1	Model 2	Model 3	Model 4
SIZE	0.861*** (4.96)	-0.086*** (-4.06)	0.903*** (5.26)	0.875*** (5.11)
ROA	-5.644*** (-3.65)	0.146 (0.71)	-4.090*** (-2.66)	-4.541*** (-3.04)
LEV	-3.951*** (-3.76)	-0.075 (-0.76)	-3.171*** (-3.37)	-3.375*** (-3.63)
CASH	-3.856*** (-2.89)	-0.130 (-0.87)	-4.441*** (-3.22)	-4.142*** (-3.15)
BOD	1.272*** (2.97)	-0.166* (-1.84)	1.100*** (2.81)	1.307*** (3.19)
DEP	0.035*** (2.94)	0.001 (0.43)	0.034*** (3.34)	0.032*** (2.94)
TOP	-0.062*** (-2.72)	0.001 (0.58)	-0.060*** (-2.81)	-0.058*** (-2.79)
DUAL	0.327*** (3.16)	-0.051 (-1.51)	0.153 (1.28)	0.205** (1.99)

续表

变量	Model 1	Model 2	Model 3	Model 4
EPC	0.107** (2.40)	0.081*** (5.46)		0.070* (1.77)
STR			0.238*** (3.19)	0.199*** (2.62)
常数项	−5.658*** (−2.86)	1.559*** (5.23)	−6.075*** (−3.20)	−6.223*** (−3.26)
Pseudo R2	0.7572	0.7954	0.7894	0.8022
固定效应	YES	YES	YES	YES
样本量	11093	11093	11093	11093

注：*P<0.10；**P<0.05；***P<0.01；括号内为稳健标准误差。
EPC：经济政策变化；CGI：企业绿色创新绩效；STR：战略变革。

3.4 结果讨论

3.4.1 直接路径结果讨论

本章揭示了经济政策变化对企业绿色创新绩效的直接作用机制，验证了 Nguyen（2023）关于经济政策变化对创新绩效具有正向影响的研究结论[94]，并从制度逻辑视角进一步拓展了经济政策变化与企业绿色创新绩效之间的内在联系。一方面，经济政策的变化增加了企业的经营风险，促使企业在政府逻辑下通过绿色创新获取合法性，从而实现风险管理，提升绿色创新绩效；另一方面，经济政策变化也为企业创造了潜在的发展机会，强化了企业在市场逻辑下通过绿色创新建立竞争优势、优化内部流程的动机，进一步促进了绿色创新绩效的提升。本章为理解经济政策变化背景下的绿色创新动机与决策逻辑提供了全新的理论框架，弥补了现有研究中对绿色创新独特性关注不足的缺陷。尽管已有研究从政策规制压力[16-17]、利益相关者压力[18-19]、资源基础[35,40]、管理者特征的角度,探讨了企业绿色创新绩效的影响因素,重点关注政策相关的制度因素对绿色创新的作用,但对政策变动性带来的影响仍缺乏深入分析。经济政策变化可以被视为政策变动性的一种表现形式,带来的市场不稳定性和更严格的外部监督对企业提出了更高的适应要求。面对这一复杂环境,企业不仅需追求经济效益,还需要积极回应社会对环境责任的期望。在此背景下,绿色创新不仅是企业提升竞争力的技术工具,更是企业寻求合法性、履行社会责任、实现可持续发展的关键路径。通过揭示经济政策变化如何促进企业绿色创新绩效的提升,本章扩展了李青原和肖泽华[17]、Chi 等[187]以及陈力田[246]关于企业绿色创新绩效影响因素的观点,丰富了制度逻辑理论的研究范畴,并为探索政策变动性与绿色创新之间的关系提供了新的理论洞见。这一研究框架不仅深化了对政策变化与绿色创新的理解,还为企业在复杂政策环境下的战略选择提供了理论依据。

3.4.2 中介路径结果讨论

本章揭示了战略变革在经济政策变化与企业绿色创新绩效之间所发挥的间接中介效应机制,并验证和拓展了 Liang 和 Li(2024)[274]以及黄永春等(2022)[275]关于战略变革中介路径的研究成果。经济政策变化加剧了经营环境的复杂性,促使企业摆脱路径依赖,打破组织惯性,从而加强战略变革。通过战略变革,企业能够更及时地识别和满足市场环保需求,将有限的资源有效分配至环境保护和资源节约相关的研发项目,从而提升企业的绿色创新绩效。同时,经济政策变化强化了企业管理者的认知复杂性,在应对复杂外部环境的过程中,管理者通过不断学习和吸收经验,进一步提升了企业战略变革的水平。战略变革水平的提高,增强了企业内部的沟通协调能力和执行效率,从而促进企业内部知识共享和技术交流,最终推动绿色创新绩效的提升。本章通过识别战略变革作为经济政策变化对企业绿色创新绩效产生影响的间接传导机制,打开了两者关系的"黑箱",并拓展了现有文献中关于经济政策变化影响技术创新路径的理论视角。尽管已有研究关注了战略管理相关组织因素在企业创新绩效中的中介作用，例如，Zhang 和 Yuan（2023）指出战略灵活性在大数据分析能力与企业创新绩效之间发挥了中介作用[276]；Miroshnychenko 等（2021）探讨了战略可变性在吸收能力与商业模式创新绩效之间的中介作用[277]；段晓红等（2021）研究了战略变革在资源拼凑推动企业突破性创新中的关键路径[264]。然而，这些研究并未将战略变革纳入经济政策变化与企业绿色创新绩效关系的研究框架中。本章通过揭示战略变革在这一关系中的作用机制，不仅丰富了战略变革中介作用的研究范畴，也为深入理解经济政策变化对绿色创新的影响路径提供了新的理论贡献。

3.5　本章小结

本章基于第 2 章构建的理论框架，从制度逻辑理论和组织变革理论的视角出发，系统剖析了经济政策变化对企业绿色创新绩效的作用路径。这些路径包括直接影响路径以及通过战略变革实现的间接影响路径，并据此提出了相关研究假设。采用层级回归法和 Bootstrap 方法对这些假设进行实证检验。研究结果显示，经济政策变化显著提升了企业的战略变革水平和绿色创新绩效；战略变革显著推动了企业绿色创新绩效的提升；战略变革是经济政策变化影响企业绿色创新绩效的中介路径。综上所述，本章的研究结果不仅在理论层面进一步丰富了制度逻辑理论和组织变革理论的相关研究，也在实证层面深化了对"环境—战略—绩效"作用路径的理解。

第 4 章

经济政策变化对企业绿色创新绩效影响的权变效应

基于第 2 章构建的理论框架以及第 3 章揭示的影响路径研究,本章致力于探究"经济政策变化对企业绿色创新绩效的影响涉及哪些关键情境因素?"这一核心问题。以资源依赖理论和高阶梯队理论为基础,深入探讨管理者认知特征与制度性资源要素在这一过程中所发挥的权变效应。具体而言,本章重点分析了管理者过度自信、管理者环境注意力、政府补贴和政治关联在经济政策变化影响企业绿色创新绩效的过程中所发挥的调节效应。本章为进一步探索动态过程提供了理论依据,并为提升企业绿色创新绩效意见建议奠定了基础。

4.1 管理者认知特征的权变效应

4.1.1 管理者过度自信的直接调节作用

高阶梯队理论指出,企业的战略决策方向不仅受到外部环境的限制,同时也受到内部管理者特质的显著影响[278]。管理者在决策过程中,往往受到其能力、认知、态度及心理特征的限制,从而难以实现完全理性的决策[47]。其中，过度自信作为一种典型的心理特征，容易导致认知偏差，显著影响高层管理者对外部环境变化的感知与判断，这在解释组织行为与绩效差异时尤为重要[138]。在复杂多变的经济环境中，尤其是在经济政策变化持续增加的背景下，过度自信可能显著扭曲管理者的决策过程，使其高估自身判断能力，低估潜在风险，从而对企业战略方向和绩效结果产生重要影响[222]。基于此，结合管理者过度自信的核心特征，以及企业战略变革与绿色创新的动力机制，深入分析管理者过度自信在经济政策变化影响企业绿色创新绩效过程中的权变效应。

管理者过度自信通过降低风险感知和扭曲机会识别，在经济政策变化影响企业绿色创新绩效的过程中发挥了重要作用。一方面，管理者的过度自信降低了其对经济政策变化的敏感性所带来的风险感知[168]，从而削弱了企业在政府逻辑下进行绿色创新的动机。具体而言，过度自信的管理者通常对企业未来发展抱有过度乐观的预期，这种乐观情绪不仅削弱了他们的危机意识，还导致企业在面对外部环境变化时缺乏敏感度和反应能力[223]。此外，过度自信的管理者往往高估组织的资源禀赋及其自身解决问题的能力，低估违规行为被发现的可能性，并忽视环境问题可能带来的累积性风险[279]。这种思维模式导致他们在决策时未能充分重视环境合规的重要性及其潜在法律后果，而实际上，规避环境问题可能引发的处罚、法律诉讼及负面声誉风险，是推动企业开展绿色创新的重要动力[120]。然而，过度自信的管理者通常低估企业在环境污染方面面临的处罚和舆论风险[222]，从而进一步削弱企业在政府逻辑下进行绿色创新的驱动力。另一方面，过度自信的心理特征还通过扭曲机会识别机制，削弱了企业在市场逻辑下开展绿色创新的动机。过度自信的管理者常常对市场动态和政策变化错误评估，过高地评价企业的市场竞争力[168]。这种对市场地位的高估使得管理者在应对经济政策变化时，更倾向于维持现有生产模式，而不愿根据市场和政策的生态导向灵活调整投资策略[138]，以抢占绿色创新的技术先机。此外，过度自信的管理者通常高估自身的决策能力，更倾向于选择能够迅速产生收益的项目[280]，而忽视那些需要长期投资和回报的创新项目。在经济政策变化的环境下，尽管绿色创新符合政府和公众的期望[226]，且风险波动相对较小，企业理应积极开展绿色创新。然而，由于绿色创新通常需要较长的研发周期和市场验证,其短期回报的不确定性使得管理者不愿投入资金[262]。在这种情况下,过度自信的管理者更倾向于将资源优先分配给短期收益项目,导致资源配置失衡,最终限制了企业绿色创新绩效的提升。根据上述分析,提出以下假设:

假设 H3a:管理者的过度自信会负向调节经济政策变化与绿色创新绩效之间的关系。

4.1.2 管理者环境注意力的直接调节作用

经济政策的频繁变动使企业处于易变性、不确定性、复杂性和模糊性交织的环境中,在这种环境下,管理者的选择与决策成为企业实现可持续发展的关键因素[107]。然而,管理者的决策行为并非完全基于理性考量,而是深受其认知结构与价值取向等心理特征的影响,这些特征根植于其经验和认知框架中[265]。管理者的认知框架不仅受到其心理特征的制约,同时也受到注意力等关键因素的影响[174]。由于注意力具有稀缺性,管理者必须从纷繁复杂的事务与信息中进行筛选和优先排序,以确保将有限的精力集中在最为重要的战略决策上[281]。注意力的有限性不仅影响了管理者对外部环境中风险的感知与判断,还直接决定了企业在竞争激烈的市场环境中能否抓住发展机遇[174]。不同的注意力焦点会塑造不同的认知框架,从而导致对环境变化的不同解读,这对企业的战略变革决策与绩效产出具有深远影响[197]。基于管理者注意力在引导企业战略决策以适应外部环境变化中的关键作用,进一步探讨管理者环境注意力在经济政策变化影响企业绿色创新绩效过程中的权变效应。

环境注意力能够显著影响管理者的认知框架[45],从而强化政府逻辑和市场逻辑下绿色创新的重要性,并进一步影响经济政策变化对企业绿色创新绩效的作用。一方面,管理者对环境的注意力配置越多,越能在政府逻辑下敏锐地感知合规性要求、利益相关者期望以及企业可持续发展所面临的挑战,进而更主动地推动绿色技术创新[174]。管理者对环境问题的关注度越高,其对企业可能引发生态负面影响的潜在政策风险和市场风险的感知也会越强烈且越敏锐，这使他们能够越早地识别并有效应对这些风险[8]。因此，环境注意力高的管理者更倾向于推行绿色创新，以应对政府政策所施加的伦理合法性压力，满足政府部门的环境期望[282]。相反，低水平环境注意力的管理者可能忽视环境问题，对政府部门的期望反应迟缓，从而降低对合规性要求的重视，这可能导致企业面临更高的法律风险和声誉损害[213]。鉴于组织资源的有限性，只有那些高度关注环境问题的管理者，才会优先将稀缺资源分配给绿色创新研发，将绿色创新视为企业投资重点，从而推动企业在可持续发展与环保技术领域取得突破[282]。另一方面，管理者对环境的高度关注有助于在信息模糊的环境中获取关键绿色创新信息，从而在市场逻辑下更精确地识别其潜在价值，激发企业通过绿色创新增强竞争优势的动力[174]。随着经济政策变化强度攀升，管理者获取准确且具有前瞻性的外部信息变得愈加困难[75]。然而，高水平环境注意力的管理者能够通过密切关注外部环境，有效获取与绿色创新密切相关的关键信息，如市场趋势、行业规范及技术进展[213]。这些信息为管理者提供了决策基础，使其能够更精确地评估绿色创新项目的潜在价值，并在市场逻辑下判断这些项目对企业未来竞争优势的贡献。通过对市场和政策动态的深入理解，高水平环境注意力的管理者可能将绿色技术视为提升企业竞争力及应对市场挑战的战略性机遇[283]。相反，如果管理者对环境的关注度不足，则可能导致关键信息的缺失，无法充分认识绿色创新所带来的市场机会[284]。在这种情况下，企业容易固守传统发展模式，将有限资源继续投入逐渐失去竞争力的传统项目，从而错失绿色创新的战略性投资机会。基于上述分析，提出以下假设：

假设 H3b：管理者环境注意力在经济政策变化与绿色创新绩效之间发挥正向调节效应。

4.2 制度性资源要素的权变效应

4.2.1 政府补贴对管理者过度自信的二次调节作用

资源依赖理论认为，政府补贴作为企业从外部环境获得的正式制度性资源，通过其注入能够显著提升企业的竞争优势和创新能力[149]。政府通过提供资金支持等方式，不仅直接影响企业的资源配置和投资决策，还通过塑造管理者对外部环境的认知、价值判断及反应模式，深刻影响企业的战略决策和创新活动[285]。政府补贴通过强化外部监督，促使管理者更加谨慎地评估风险[286]，从而抑制过度自信的倾向。然而，政府补贴也可能扭曲市场信号[151]，导致管理者高估自身能力，进而增强其过度自信。因此，政府补贴能够对管理者过度自信的调节作用产生重要影响。

政府补贴通过"掩盖效应"对管理者过度自信的调节作用产生正向影响。在市场经济中，企业的绩效和市场反应是衡量其经营状况的关键信号[223]。然而，政府补贴的注入可能扭曲这些市场信号，掩盖企业的真实市场表现，使得管理者误以为企业的生存与发展主要依赖于自身的管理能力[222]，从而加剧其过度自信。当补贴额度较高时，管理者的过度自信进一步增强，他们倾向于认为可以依靠补贴获得显著的投资回报，尽管这些项目可能缺乏坚实的盈利基础或市场需求。在这种情况下，管理者更容易做出高风险且缺乏理性依据的投资决策[138]。补贴的扭曲作用使得企业无法准确判断市场的真实需求，从而产生非理性的乐观预期[168]。企业往往选择那些看似能带来短期回报或规模扩张的项目，而忽视回报周期较长的绿色创新[208]。相比之下，低水平的政府补贴有助于保持市场信号的真实性，使管理者能够更准确地评估企业的竞争力，进而减少盲目乐观的倾向。在这种环境下，管理者能够理性地应对市场反馈，更积极地适应经济政策的变化，并更倾向于进行战略变革和绿色创新，以确保企业的长期竞争力和可持续发展[152]。通过主动探索绿色创新，企业不仅能够应对政策变化，还能在变化的环境中建立新的竞争优势[89]。因此，在低水平的政府补贴下，管理者的过度自信程度较低，企业更倾向于推动绿色创新，从而抓住经济政策变化带来的发展机遇。

政府补贴通过"监督效应"对管理者过度自信的调节作用产生负向影响。政府补贴增加了企业在政府机构、公众及其他利益相关者中的关注度，从而使管理者的决策受到了更加严格的外部监督[33]。这种外部监督不仅包括对企业财务状况的审查，还涉及对管理者决策过程的透明度要求[287]。有效的监督机制促使管理者更加重视信息透明度和问责机制，表现出更大的理性和谨慎，从而减少过度自信的倾向。企业获得的政府补贴越高，管理者通常面临更高的监督压力，因此往往表现出较低的过度自信水平[19]。低过度自信的管理者能够更加敏锐地识别经济政策的变化，并进行合理的风险评估。这种谨慎的态度促使管理者在决策时充分考虑政策变化可能带来的影响，有助于企业迅速适应外部环境[138]。在这种情境下，管理者的决策不仅基于短期经济利益，还考虑企业的长期发展和社会责任[149]。因此，企业在战略变革中更倾向于投资绿色技术和可持续产品，从而提升绿色创新绩效。然而，在政府补贴较低的企业中，外部关注度较低，使得管理者通常表现出较高的过度自信，忽视经济政策变化所带来的风险，并倾向于坚持既定的战略方向，缺乏必要的调整[222]。这种心态导致他们在资源配置上更偏向于传统技术和短期利益，而非投资具有潜力的绿色创新项目，最终错失绿色创新的机会[212]。因此，政府补贴通过强化外部监督，有效地降低了管理者的过度自信，帮助企业更有效地应对经济政策变化，促进战略变革与绿色创新的实施。基于以上分析，提出竞争性假设：

假设 H4a：政府补贴会增强管理者过度自信在经济政策变化与企业绿色创新绩效关系中的调节作用。

假设 H4b：政府补贴会削弱管理者过度自信在经济政策变化与企业绿色创新绩效关系中的调节作用。

4.2.2 政府补贴对管理者环境注意力的二次调节作用

随着生态文明建设的日益重要，中央政府逐渐将各省、区、市的绿色发展作为政绩考核的重要标准，要求地方政府将生态治理与经济发展绩效共同纳入政策目标[205]。为了实现环境减排和经济可持续发展的双重目标，政府向符合条件的企业发放专门用途的专项补贴，并提供无偿资助，以此为企业提供支持[203]。现有研究表明，政府补贴能够有效缓解企业的融资约束，并引导管理者在环境保护议题上分配更多注意力[204]。然而，政府补贴也可能引发"寻租"行为,导致管理者的注意力分散[285]。因此,政府补贴能够对管理者过度自信的调节作用产生重要影响。

政府补贴通过"认证效应"对管理者过度自信的调节作用产生正向影响。政府补贴代表了政府对企业的倾向性支持和认可,传递出企业在风险控制和可持续发展潜力方面的正面信号,增强了外部投资者、客户和合作伙伴对企业的信心[287]。这种积极信号使得企业在银行贷款、投资基金等外部融资渠道中更受青睐,从而显著降低了融资难度和成本[286]。融资优势赋予管理者更大的资金分配灵活性,使其能够更多关注长期价值而非短期收益。由于环保项目通常面临较长的回报周期和较高的初始成本,充裕的融资支持使得管理者在投资这些项目时更加积极,从而提高了对绿色发展的重视和关注[152]。在经济政策变化增强的背景下,企业管理者意识到绿色发展是应对政策风险和外部变化的重要手段。因此,企业逐渐从被动地满足政策要求转向主动塑造绿色形象和增强绿色创新能力,这不仅有助于企业获得持续的政策支持,还使其在激烈的市场竞争中占据先机[231]。通过大力推进绿色产品和可持续经营模式,企业在快速增长的绿色消费市场中获得了竞争优势,开辟了新的市场机会[7]。综上所述,政府补贴提升了管理者的环境关注度,激发了企业在应对经济政策变化时推动绿色创新的动力,从而有效提高了企业的绿色创新绩效。

政府补贴通过"分散效应"对管理者过度自信的调节作用产生负向影响。政府补贴为企业及其利益相关者提供了不当利用的机会,容易引发"寻租"行为[285]。"寻租"是指利益相关者通过非生产性活动获取经济利益,而非通过市场竞争和创新增加社会总价值[203]。政府补贴的存在易诱发"寻租"行为,因为企业管理者可能发现,通过获取补贴来增加企业收入通常比通过改进生产工艺、提高效率或实现环保目标创造利润更加容易[202]。在政府补贴引发的"寻租"过程中,企业管理者的注意力往往会被转移到如何获取补贴、满足政策要求和维持与政府的关系上,而不是集中精力推动实际的绿色创新和提升环境绩效[149]。这种注意力的分散导致企业在面对经济政策变化时缺乏进行战略变革和绿色创新的动力与资源投入,从而削弱了经济政策变化对企业绿色创新的促进作用。相反,低水平政府补贴的企业管理者更倾向于通过提高竞争优势获取经济利益,他们的注意力可以更加聚焦于市场需求[213]。在面对经济政策变化时,这些管理者更愿意通过绿色创新来满足不断变化的市场需求和客户期望。因此,政府补贴会降低管理者的环保关注度,进而使企业缺乏应对政策变化所需的战略变革积极性。基于以上分析,提出竞争性假设:

假设 H4c:政府补贴会强化管理者环境注意力在经济政策变化与企业绿色创新绩效关系中的调节作用。

假设 H4d:政府补贴会弱化管理者环境注意力在经济政策变化与企业绿色创新绩效关系中的调节作用。

4.2.3 政治关联对管理者过度自信的二次调节作用

根据资源依赖理论,企业的发展在很大程度上依赖于其对外部关键资源的有效获取和控制能力[202]。作为一种非正式的制度性资源,政治关联在企业与政府之间架起了一座沟通桥梁,赋予企业更高效的政策响应能力和资源整合潜力[209]。在企业内部,管理者作为核心决策者,其心理特征和决策行为显著受到政治关联所带来的关键资源的影响[205]。具体而言,政治关联通过提供资源支持和增强社会认同,往往使管理者对自身能力及企业未来发展的预期更加乐观,从而增加其过度自信的倾向[208]。然而,政治关联不仅提供资源,还能赋予企业信息优势[286]。这一信息优势使管理者能够更全面地理解政策环境,缓解信息不对称所导致的认知偏差,从而在一定程度上纠正因过度自信而产生的不合理决策倾向。因此,政治关联在强化资源获取和改善信息质量的双重作用下,对管理者过度自信的调节作用具有重要影响。

政治关联能够通过"资源效应"对管理者过度自信的调节作用产生正向影响。政治关联为企业提供多种形式的资源支持,包括财政补贴、税收优惠、融资便利以及政府合同等[201]。这些资源优势使得管理者倾向于认为企业在市场竞争中处于更加有利的地位,并具备更强的资源获取能力,从而对企业未来的发展抱有更为乐观的预期[223]。同时,政治关联带来的社会认同和荣誉感进一步增强了管理者对自身能力和判断力的信心[208]。这种信心强化了管理者的过度自信，使其不愿对现有战略路径提出质疑，并错误地认为当前战略能够充分应对外部环境的变化。拥有政治关联的企业，由于获得了充裕的外部资源支持，更容易滋生管理者的过度自信，促使其依赖现有战略。他们往往错误地认为当前的资源和措施足以应对外部经济政策的变化[203]，从而缺乏推动战略变革的动力，这直接削弱了企业绿色创新的积极性。相反，没有政治关联的企业由于无法依赖类似的资源支持，通常面临更大的财务和市场压力[205]。在这种情况下，管理者的过度自信受到抑制，他们倾向于以更为理性和审慎的态度评估外部环境变化。这种更为谨慎的行为能够激励管理者采取积极的应对策略，规避潜在风险，同时维持企业的竞争力[207]。因此，在政策环境变化时，没有政治关联企业的管理者更可能主动推动战略调整和绿色创新，以确保企业在变化的政策环境中的合法性和竞争优势。

政治关联能够通过"校正效应"对管理者过度自信的调节作用产生负向影响。政治关联企业在解读政策和预测政策走向方面，通常享有比非政治关联企业更显著的信息优势[209]。由于与政府机构的紧密联系，这些企业的管理者能够接触到更多关于政策调整、法规变更和市场趋势的关键信息[75]。这一信息优势使得管理者能够及时识别潜在风险和机会，有效纠正过度自信所带来的心理偏差，从而倾向于更为审慎地评估各种可能结果，而非单纯依赖直觉或经验，进而形成更加全面和现实的战略判断[212]。在政治关联企业中，管理者通常表现出较低的过度自信水平，避免过于乐观地估计政策变化对企业的潜在影响，尤其是在经济政策变化增加的背景下。此时，管理者更关注资源配置，力求避免因过度乐观而导致的资源浪费或战略失误[138]。因此，政治关联企业的管理者通常在绿色创新中采取更为稳健的策略，通过信息优势在风险与收益之间实现平衡，从而提升企业在绿色创新领域的绩效表现。相比之下，缺乏政治关联的企业由于信息劣势，其管理者更容易依赖个人直觉和过往经验进行决策，进而表现出较高的过度自信[142]。这种过度自信使得他们容易低估经济政策变化所带来的潜在风险，在绿色创新的投资决策中缺乏前瞻性[222]。此时，过度自信的管理者通常对既定路径表现出过强的依赖，反应迟缓且忽视市场和政策对环境友好型创新的要求，最终削弱了企业在绿色创新方面的投入意愿。基于以上分析，提出竞争性假设：

假设 H5a：政治关联会增强管理者过度自信在经济政策变化与企业绿色创新绩效关系中的调节作用。

假设 H5b：政治关联会削弱管理者过度自信在经济政策变化与企业绿色创新绩效关系中的调节作用。

4.2.4 政治关联对管理者环境注意力的二次调节作用

政治关联作为一种非正式的制度性纽带，在管理者与政府之间搭建了信息交流与资源共享的重要桥梁[148]。通过这一渠道，政府能够影响管理者的决策偏好，尤其是在关键议题的选择与资源配置方面，从而对企业的战略方向和运营效率产生深远影响[208]。现有研究表明，政治关联通过其紧密的关系网络，为企业提供及时且全面的政策信息，从而提升管理者对环境问题的关注度和响应能力[209]。然而，政治关联亦可能降低政府对企业的监管压力及违规成本，进而为环境违规行为创造更加宽松的外部环境，可能削弱管理者对环境问题的重视[288]。因此，政治关联对管理者环境注意力的调节作用存在双重影响。

政治关联通过"信息效应"对管理者环境注意力的调节作用产生正向影响。随着政府日益重视环境保护，绿色发展逐渐成为各级政府考核体系中的关键指标[203]。在这一背景下，政治关联为企业提供了获取政府政策和法律法规的重要渠道，尤其是在涉及环境政策和法规时[75]。因此，与政府保持良好关系的企业能够更加精准地把握政策导向，从而表现出更高的环境关注度。面对日益增加的经济政策变化，这些具有政治关联的企业通常展现出更高的环境敏感性，积极推动绿色创新，以规避潜在的风险叠加。其原因在于，与政府的紧密联系使这些企业能够比其他企业更早获取政策信息，从而获得资源支持和激励措施，通过推动绿色创新有效规避风险[206]。相比之下，缺乏政治关联的企业通常无法及时获得关于环境政策的敏感信息，因此其绿色创新的资源投入面临更高的不确定性与风险[227]。这种信息劣势使得绿色创新被视为回报难以预见的高风险决策，特别是在经济政策变化加剧的情况下，管理者往往倾向于将精力集中于风险控制和成本削减，以确保企业的短期生存和盈利目标[87]。因此，缺乏政治关联的企业更容易将资源集中于短期可见效益，而非投入短期内难以直接带来经济回报的绿色创新。

政治关联通过"庇护效应"对管理者环境注意力的调节作用产生负向影响。企业通过与政府建立紧密的政治关系，通常能够规避法律的严格监管，从而在环境违规行为中享有更多的豁免，甚至在相同环境污染情况下获得较轻的处罚[288]。因此，政治关联为企业提供了一种"保护伞"，削弱了政府对企业环境行为的监管效果，进而导致管理者在决策时对环境问题的关注不足。尽管政策的变化通常会激励企业管理者更加积极地应对外部环境变化，通过战略变革和绿色创新提升企业的合法性[226]，然而政治关联的存在使得这种激励作用受到抑制。由于政治关系带来的宽松监管环境，管理者往往失去了推动绿色技术革新的紧迫感和动力[206]。因此，企业在追求短期利益的过程中更容易忽视可持续发展的重要性，甚至采取保守策略以维持现有的资源分配模式[219]，而不是进行必要的绿色创新。相比之下，缺乏政治关联的企业面临更加严格的合规压力，必须高度重视环境保护，以规避潜在的法律处罚和声誉风险[120]。在应对经济政策变化的过程中，这些企业的管理者通常展现出更高的环保敏感性，主动投入资源应对不断提升的环境标准，从而在绿色创新方面表现出更强的行动力。因此，这些企业通过加大绿色创新力度，在经济政策变化中提升了自身的合法性。基于以上分析，提出竞争性假设：

假设 H5c：政治关联会强化管理者环境注意力在经济政策变化与企业绿色创新绩效关系中的调节作用。

假设 H5d：政治关联会弱化管理者环境注意力在经济政策变化与企业绿色创新绩效关系中的调节作用。

4.3 实证分析

4.3.1 数据来源

本章沿用第 3 章中关于经济政策变化对企业绿色创新绩效影响路径识别研究的数据，包括来自国家知识产权局的绿色创新绩效数据、来自网站的经济政策变化数据，以及来自 CSMAR 数据库和 WIND 数据库的企业战略变革数据、治理数据和财务相关数据。此外，管理者过度自信、政府补贴和政治关联相关数据均来源于 CSMAR 数据库，管理者环境注意力数据则源自企业社会责任报告。

4.3.2 变量测度

4.3.2.1 管理者过度自信的测度

现有研究对管理者过度自信的测量主要采用以下几种方法：（1）企业经期指数；（2）高管个人特征；（3）企业盈利预测偏差；（4）管理者持股比例变动；（5）管理者相对薪酬。参考海本禄等（2020）[280]和王福胜等（2022）[289]的研究，采用管理者相对薪酬比例这一连续变量来衡量管理者的过度自信。具体而言，将企业薪酬排名前 3 位的管理者视为一个管理团队，计算前 3 名管理者薪酬之和与所有管理者薪酬总和的比值，作为管理者过度自信程度的代理变量，如表 4-1 所示。该比值越高，说明管理者的过度自信程度越高。

表 4-1　　　　　　　　　相关变量名称及定义

变量名称	符号	测度
管理者过度自信	EOC	前 3 名薪酬之和与管理者总薪酬的比率
管理者环境注意力	EEA	环境注意力关键词占企业社会责任报告总字数的比率

续表

变量名称	符号	测度
政府补贴	SUB	当年政府补贴与营业收入的比率
政治关联	PCL	若公司核心管理者曾经或现在任职政府相关机构，按级别赋值：科级1、处级2、厅级3、部级4，否则赋值为0

4.3.2.2 管理者环境注意力的测度

参考马美婷等（2023）[282]、吴建祖和华欣意（2021）[213]的研究，采用文本分析方法测度管理者的环境注意力，如表4-1所示。变量的测度步骤如下：（1）选取文本分析对象。鉴于社会责任报告能够反映管理者对企业履行环保职责的重视程度，且是环境注意力的外化表现，因此选取企业社会责任报告作为文本分析的对象。（2）构建关键词词汇表。管理者对环境的关注程度可通过其语言表述体现，对某一议题注意力越强，其相关词汇的使用频率通常越高。（3）统计关键词汇频率。计算环境相关词汇在企业社会责任报告总字数中的占比，作为管理者环境注意力的代理变量。参考现有文献建立了环境注意力关键词词汇表，如表4-2所示。

表4-2　　　　　　管理者环境注意力关键词表

关键词
保护、臭氧层、防治、安全生产、超标、除尘、大气、废气、二氧化碳、废水、废物、低碳、粉尘、废渣、废弃、风能、环保、过滤、回收、锅炉、环境、甲烷、降耗、减排、降噪、降解、节能、节约、净化、可再生、空气、可持续发展、流程再造、绿化、浪费、垃圾、绿色、燃料、排放、排气、排污、清洁、污染、破坏、栖息地、三废、生物质、生态、污水、尾气、温室气体、无害、无纸化、液化气、烟尘、烟气、有机物、有毒、余热、再利用、重金属、噪声、自然资源、天然气、水处理、能源、能耗、酸性、脱硝、脱硫、循环

资料来源：吴建祖和华欣意（2021）[213]。

4.3.2.3 政府补贴的测度

参考王旭和王非等（2019）[205]、Pan等（2023）[227]、Shao等（2023）[153]

的测量方法，基于上市公司年报中财务报表附注的"营业外收入"项目，计算政府研发补助占营业收入的比例，以衡量企业获得的政府补贴水平，如表4-1所示。该比例值越高，说明企业获得的政府补贴水平越高。

4.3.2.4 政治关联的测度

借鉴罗喜英和刘伟（2019）[288]、Zhang等（2022）[206]的方法，将政治关联定义为一个虚拟变量。具体来说，如果企业的董事长或总经理曾经或正在政府、党委（纪委）、人大、政协常设机构、检察院或法院中担任职务，那么根据其职务的级别分别赋予相应的数值：1（科级）、2（处级）、3（厅级）和4（部级）；否则，赋值为0，如表4-1所示。

4.3.3 模型构建

首先，为了检验管理者过度自信和管理者环境注意力的调节作用，本部分在公式（3-2）的基础上，加入管理者认知特征与经济政策变化交互项，构建公式（4-1）和公式（4-2），以验证假设H3a和假设H3b，如下：

$$GI_{it} = \alpha_1 + \alpha_2 EPC_{it} + \varphi_1 EOC_{it} + \varphi_2 EPC_{it} \times EOC_{it} \\ + \alpha_3 Controls_{it} + firms + industry + u_{it} \quad (4-1)$$

$$GI_{it} = \alpha_1 + \alpha_2 EPC_{it} + \varphi_3 EEA_{it} + \varphi_4 EPC_{it} \times EEA_{it} \\ + \alpha_3 Controls_{it} + firms + industry + u_{it} \quad (4-2)$$

其中，EOC_{it}表示管理者过度自信，EEA_{it}表示管理者环境注意力。系数α_2的符号及显著性能够判断企业绿色创新绩效是否受到影响。系数φ是本章关注的重点，如果φ_2显著为负，则说明管理者过度自信具有负向调节作用，验证假设H3a；如果φ_4显著为正，则说明管理者环境注意力具有正向调节作用，验证假设H3b。

其次，为了检验制度性资源要素（政府补贴和政治关联）的二次调节作用，本部分在公式（4-1）和公式（4-2）的基础上分别加入制度性资源要素、管理者认知特征与经济政策变化交互项，构建公式（4-3）、公式（4-4）、公式（4-5）和公式（4-6）对假设H4和假设H5进行检验，如下：

$$GI_{it} = \alpha_1 + \alpha_2 EPC_{it} + \varphi_1 EOC_{it} + \varphi_2 SUB_{it} + \varphi_3 EPC_{it} \times EOC_{it}$$
$$+ \varphi_4 EPC_{it} \times EOC_{it} \times SUB_{it} + \varphi_5 EPC_{it} \times SUB_{it}$$
$$+ \varphi_6 EOC_{it} \times SUB_{it} + \alpha_3 Controls_{it} + firms$$
$$+ industry + u_{it} \quad (4-3)$$

$$GI_{it} = \alpha_1 + \alpha_2 EPC_{it} + \varphi_1 EEA_{it} + \varphi_2 SUB_{it} + \varphi_3 EPC_{it} \times EEA_{it}$$
$$+ \varphi_4 EPC_{it} \times EEA_{it} \times SUB_{it} + \varphi_5 EPC_{it} \times SUB_{it}$$
$$+ \varphi_6 EEA_{it} \times SUB_{it} + \alpha_3 Controls_{it} + firms$$
$$+ industry + u_{it} \quad (4-4)$$

$$GI_{it} = \alpha_1 + \alpha_2 EPC_{it} + \varphi_1 EOC_{it} + \varphi_2 PCL_{it} + \varphi_3 EPC_{it} \times EOC_{it}$$
$$+ \varphi_4 EPC_{it} \times EOC_{it} \times PCL_{it} + \varphi_5 EPC_{it} \times PCL_{it}$$
$$+ \varphi_6 EOC_{it} \times PCL_{it} + \alpha_3 Controls_{it} + firms$$
$$+ industry + u_{it} \quad (4-5)$$

$$GI_{it} = \alpha_1 + \alpha_2 EPC_{it} + \varphi_1 EEA_{it} + \varphi_2 PCL_{it} + \varphi_3 EPC_{it} \times EEA_{it}$$
$$+ \varphi_4 EPC_{it} \times EEA_{it} \times PCL_{it} + \varphi_5 EPC_{it} \times PCL_{it}$$
$$+ \varphi_6 EEA_{it} \times PCL_{it} + \alpha_3 Controls_{it} + firms$$
$$+ industry + u_{it} \quad (4-6)$$

其中，SUB_{it} 表示政府补贴，PCL_{it} 表示政治关联。系数 φ 是本章研究关注的重点，如果 φ_3 和 φ_4 显著且符号相同，则说明制度性资源要素强化了管理者认知特征在经济政策变化与企业绿色创新绩效关系中的调节作用，验证假设 H4a、H4c、H5a 和 H5c；φ_3 和 φ_4 显著且符号相反，则说明制度性资源要素弱化了管理者认知特征在经济政策变化与企业绿色创新绩效关系中的调节效应，验证假设 H4b、H4d、H5b 和 H5d。

4.3.4 实证结果

4.3.4.1 描述性统计和相关性分析

表 4-3 列出了调节因素各变量的描述性统计结果。可以看出，管理者

过度自信的均值为 0.590，管理者环境注意力的均值为 0.252，标准差分别为 0.180 和 0.157。这表明样本企业中管理者的过度自信和环境注意力水平相对较低，且两者程度相差不大。政府补贴和政治关联的标准差分别为 1.176 和 1.618，表明样本企业间政治关联和政府补贴水平存在较大差异。调节因素与相关变量的 Pearson 相关系数矩阵和方差膨胀因子（VIF）检验结果如表 4-4 所示。从表 4-4 可知，管理者过度自信与企业绿色创新绩效呈负相关（$\beta = -0.058, P < 0.1$），这一结果基本符合本章提出的变量关系。同时，管理者环境注意力与企业绿色创新绩效呈正相关（$\beta = 0.021, P < 0.1$），与本章提出的研究假设相一致。政府补贴和政治关联与管理者过度自信均呈正相关（$\beta = 0.008, P < 0.1$；$\beta = 0.027, P < 0.1$），这一结果也基本支持本章提出的变量关系。此外，政府补贴和政治关联与管理者环境注意力同样呈正相关（$\beta = 0.011, P < 0.1$；$\beta = 0.009, P < 0.1$），进一步验证了研究假设的合理性。最后，各调节变量的方差膨胀因子（VIF）检验值均小于阈值 8，表明调节因素的验证过程中变量之间不存在严重的共线性问题。

表 4-3　　　　　　　　　　相关变量描述性统计

变量	平均值	中位数	最大值	最小值	标准差	样本量
EOC	0.590	0.565	1.000	0.092	0.180	17591
EEA	0.252	0.222	0.782	0.000	0.157	17591
SUB	0.775	0.415	9.992	0.000	1.176	17591
PCL	1.172	0.000	4.000	0.000	1.618	17591

表 4-4　　　　　　　　　　相关变量相关系数

变量	EOC	EEA	PCL	SUB
CGI	-0.058*	0.021*	-0.024*	0.003*
EPC	0.085*	-0.004	-0.051*	0.041*
STR	-0.086*	-0.043*	-0.035*	-0.008

续表

变量	EOC	EEA	PCL	SUB
SIZE	-0.274*	0.060*	0.042*	-0.121*
ROA	0.010	-0.102*	0.059*	-0.011
LEV	-0.136*	0.129*	-0.008	-0.124*
CASH	0.017*	0.029*	0.010	-0.043*
BOD	-0.214*	0.086*	0.045*	-0.054*
DEP	0.019*	-0.026*	-0.0011	0.022*
TOP	0.045*	-0.241*	0.034*	0.076*
DUAL	0.055*	-0.127*	-0.019*	0.051*
SUB	0.008*	0.011*	0.001	1.000
PCL	0.027*	0.009*	1.000	
EEA	0.008*	1.000		
VIF	1.120	1.080	1.020	1.030

注：*P<0.10；**P<0.05；***P<0.01。
EPC：经济政策变化；CGI：企业绿色创新绩效；STR：战略变革；SUB：政府补贴；PCL：政治关联；EOC：管理者过度自信；EEA：管理者环境注意力。

4.3.4.2 假设检验

对管理者认知特征与制度性资源要素在经济政策变化与企业绿色创新绩效关系中的权变效应进行了检验。表4-5展示了经济政策变化、管理者过度自信、管理者环境注意力、政府补贴、政治关联以及企业绿色创新绩效的回归结果。Model 1 和 Model 2 用于检验管理者过度自信和管理者环境注意力的调节作用，即假设 H3a 和 H3b。其中，Model 1 聚焦于管理者过度自信在经济政策变化与绿色创新绩效关系中的影响，而 Model 2 探讨了管理者环境注意力在上述关系中的作用。Model 3 基于 Model 1，进一步纳入政府补贴变量及其交互项，包括政府补贴与管理者过度自信的交互项、政府补贴与经济政策变化的交互项，以及经济政策变化、政府补贴与管理者过度自信的三重交互项，用以检验政府补贴对管理者过度自信的二次调节作用，即假设 H4a 和 H4b。Model 4 以 Model 2 为基础，加入政府补贴及其相关交互项，包括政府补贴与管理者环境注意力的交互项、政府补贴与经济政策变化的交互项，以及经济政策变化、政府补贴与管理者环境注意力的三重交互项，用以检验政府补贴对管理者环境注意力的二次调节作用，即假设 H4c 和 H4d。Model 5 基于 Model 1，新增政治关联变量及其交互项，包括政治关联与管理者过度自信的交互项、政治关联与经济政策变化的交互项，以及经济政策变化、政治关联与管理者过度自信的三重交互项，用以检验政治关联对管理者过度自信的二次调节作用，即假设 H5a 和 H5b。Model 6 以 Model 2 为基础，加入政治关联及其相关交互项，包括政治关联与管理者环境注意力的交互项、政治关联与经济政策变化的交互项，以及经济政策变化、政治关联与管理者环境注意力的三重交互项，用以检验政治关联对管理者环境注意力的二次调节作用，即假设 H5c 和 H5d。

表 4 – 5　　　　　　　　　　模型回归结果

变量	Model 1	Model 2	Model 3	Model 4	Model 5	Model 6
SIZE	0.795*** (7.86)	0.787*** (7.77)	0.809*** (8.02)	0.830*** (7.92)	0.738*** (7.42)	0.730*** (7.23)
ROA	-4.427*** (-4.97)	-3.495*** (-3.64)	-4.274*** (-4.93)	-3.444*** (-3.61)	-3.822*** (-4.66)	-3.134*** (-3.26)
LEV	-1.913*** (-3.45)	-1.962*** (-3.70)	-1.860*** (-3.35)	-1.892*** (-3.55)	-2.065*** (-3.84)	-2.123*** (-3.87)
CASH	-1.851** (-2.58)	-2.185*** (-3.33)	-1.851*** (-2.64)	-2.181*** (-3.46)	-2.230*** (-3.41)	-2.276*** (-3.69)
BOD	0.734* (1.72)	0.535 (1.28)	0.720* (1.72)	0.551 (1.34)	0.213 (0.60)	0.331 (0.74)
DEP	0.009 (0.58)	-0.001 (-0.09)	0.011 (0.73)	0.003 (0.16)	0.001 (0.07)	-0.006 (-0.46)

续表

变量	Model 1	Model 2	Model 3	Model 4	Model 5	Model 6
TOP	-0.022*** (-4.36)	-0.024*** (-5.00)	-0.022*** (-4.40)	-0.022*** (-4.76)	-0.020*** (-4.25)	-0.022*** (-4.75)
DUAL	0.359*** (3.40)	0.388*** (3.43)	0.356*** (3.43)	0.376*** (3.31)	0.317*** (2.87)	0.427*** (3.74)
EPC	0.349*** (7.53)	0.273*** (6.68)	0.354*** (7.71)	0.292*** (7.67)	0.365*** (9.10)	0.314*** (9.12)
EOC	0.220** (2.03)		0.267** (2.35)		0.219** (2.22)	
EPC×EOC	-0.308*** (-3.21)		-0.249*** (-2.73)		-0.235*** (-2.90)	
EEA		-0.216 (-1.00)		0.194 (0.82)		-0.102 (-0.54)
PCL					-0.056** (-2.17)	-0.094*** (-3.42)
EPC×EOC×PCL					-0.124*** (-2.61)	
EPC×PCL					0.002 (0.11)	-0.014 (-0.68)
EOC×PCL					-0.086* (-1.80)	
EPC×EEA		0.426** (2.55)		0.782*** (4.51)		0.304** (2.25)
SUB			0.053* (1.88)	0.069** (2.28)		
EPC×EOC×SUB			-0.082** (1.74)			

续表

变量	Model 1	Model 2	Model 3	Model 4	Model 5	Model 6
EPC×SUB			0.006 (0.25)	0.027 (1.03)		
EOC×SUB			0.062 (1.45)			
EPC×EEA×PCL						0.121** (1.56)
EEA×PCL						-0.172 (-1.57)
EPC×EEA×SUB				0.372** (2.44)		
EEA×SUB				0.407** (2.41)		
常数项	-4.405** (-2.54)	-3.428** (-1.99)	-4.599*** (-2.69)	-4.055** (-2.30)	-2.191*** (-1.49)	-2.077*** (-1.25)
Pseudo R2	0.8774	0.8777	0.8779	0.8785	0.88	0.8795
固定效应	YES	YES	YES	YES	YES	YES
样本量	17591	17591	17591	17591	17591	17591

注：*$P<0.10$；**$P<0.05$；***$P<0.01$；括号内为稳健标准误差。
EPC：经济政策变化；CGI：企业绿色创新绩效；STR：战略变革；SUB：政府补贴；PCL：政治关联；EOC：管理者过度自信；EEA：管理者环境注意力。

（1）管理者认知特征的调节作用分析。

第一，检验管理者过度自信的调节作用。从表4-5的Model 1结果可知，管理者过度自信与经济政策变化的交互项（$\beta=-0.308, P<0.01$）对企业绿色创新绩效产生了显著的负向作用。这说明管理者过度自信会削弱经济政策变化对企业绿色创新绩效的正向促进作用，从而验证了假设H3a。为了直观呈现管理者过度自信的调节效应，绘制了在不同管理者过度自信水平下，经济政策变化对绿色创新绩效的影响，如图4-1所示。由图4-1

可见，在低水平管理者过度自信水平（低：均值减去一个标准差）下，经济政策变化对于企业绿色创新绩效具有显著提升作用（β=0.380,P<0.01）。而在管理者过度自信水平较高（高：均值加一个标准差）的情况下，经济政策变化对绿色创新绩效表现出促进作用（β=0.075,P<0.01）。随着管理者过度自信水平从低到高逐渐变化，经济政策变化与绿色创新绩效之间的关系斜率逐渐减小。以上结果进一步表明，管理者的过度自信显著削弱了经济政策变化对绿色创新绩效的积极促进作用，这一结果进一步印证了假设 H3a 成立。

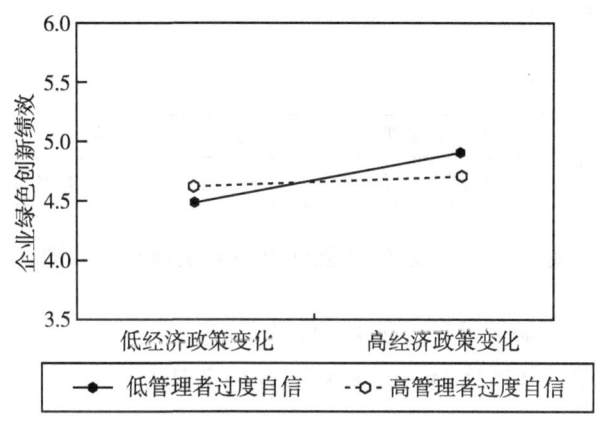

图 4-1　管理者过度自信直接调节效应图

第二，检验管理者环境注意力的调节作用。从表 4-5 的 Model 2 结果可知，管理者环境注意力与经济政策变化的交互项（β=0.426,P<0.05）对企业绿色创新绩效具有显著的正向影响。这表明管理者环境注意力能够增强经济政策变化与企业绿色创新绩效之间的正向关联，从而证实了假设 H3b 的合理性。为进一步展示管理者环境注意力的调节效应，绘制了在不同管理者环境注意力水平下，经济政策变化对绿色创新绩效影响，如图 4-2 所示。由图 4-2 可见，当管理者环境注意力水平较低时，经济政策变化对绿色创新绩效具有显著的正向影响（β=0.384,P<0.01）；而当管理者环境注意力水平较高时，经济政策变化对绿色创新绩效的正向影响更加显著（β=0.543,P<0.01）。随着管理者环境注

意力水平从低到高变化，经济政策变化与企业绿色创新绩效之间的斜率逐渐增大，正相关关系不断增强。以上结果进一步表明，管理者环境注意力显著提升了经济政策变化对企业绿色创新绩效的正向影响，从而再次验证了假设 H3b 的成立。

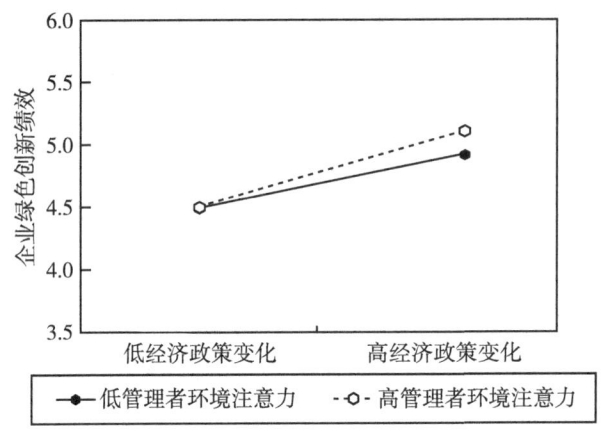

图 4-2　管理者环境注意力直接调节效应图

（2）制度性资源要素的二次调节作用分析。

为检验不同制度性资源要素水平下管理者认知特征在经济政策变化与绿色创新绩效关系中调节作用的差异性，借鉴 Makhloufi 等[284]的方法。具体而言，通过对三次交互项的系数及其显著性进行检验，分析制度性资源要素与管理者认知特征的交互效应如何影响经济政策变化与企业绿色创新绩效的关联。

首先，检验分析政府补贴对于管理者过度自信的二次调节作用。从表 4-5 的 Model 3 结果可知，政府补贴、管理者过度自信与经济政策变化的交互项（$\beta = -0.082, P < 0.05$）对企业绿色创新绩效具有显著的负向影响。这说明政府补贴加剧了管理者过度自信对经济政策变化与企业绿色创新绩效关系的负面影响，验证了假设 H4a。为直观展示政府补贴的二次调节作用，绘制了在不同政府补贴水平与管理者过度自信水平下，经济政策变化对绿色创新绩效影响，如图 4-3（a）所示。从图 4-3（a）中可以看出，在低水平政府补贴水平下，随着管理者过度自信的提升，经济政策变化与企

业绿色创新绩效之间关系的斜率由 0.726 下降至 0.521。在中水平政府补贴水平下，管理者过度自信水平增加使斜率由 0.667 下降至 0.357。在高水平政府补贴水平下，管理者过度自信水平增加使斜率由 0.582 下降至 0.187。这些结果表明，政府补贴水平越高，管理者过度自信程度的变动使得经济政策变化与绿色创新绩效关系的负向作用愈发显著，斜率的变化幅度越大，从而进一步验证了假设 H4a 的成立。

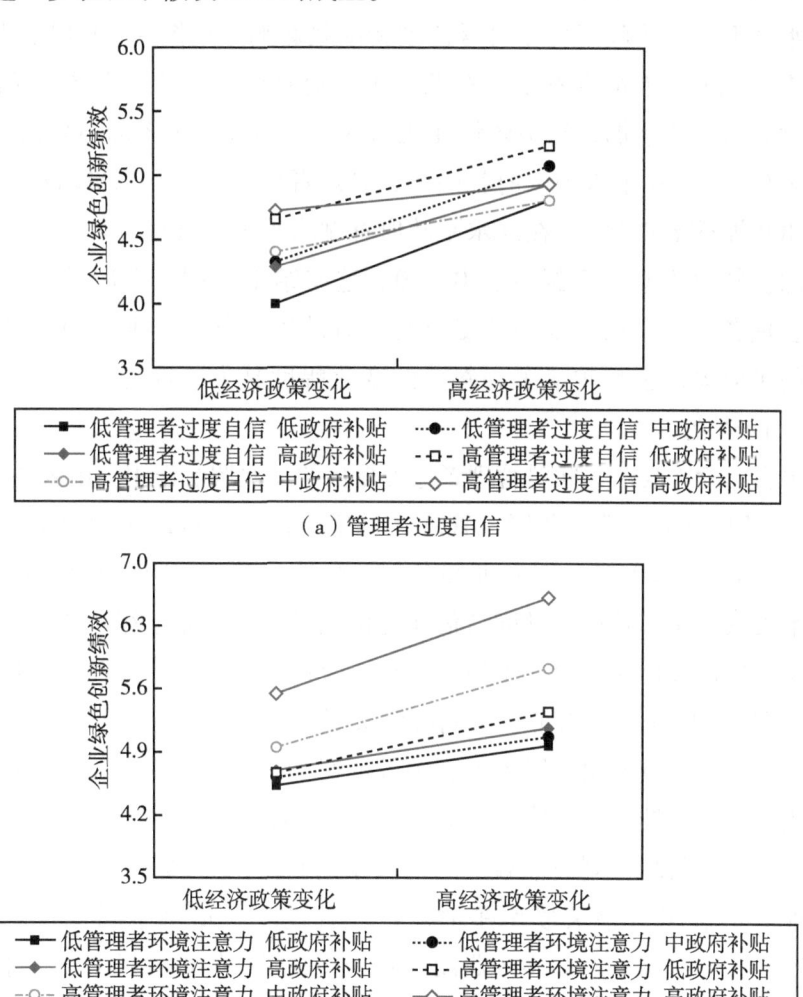

(a) 管理者过度自信

(b) 管理者环境注意力

图 4-3　政府补贴的调节效应图

其次，检验政府补贴对管理者环境注意力的二次调节作用。从表4-5的 Model 4 结果可知，政府补贴、管理者环境注意力与经济政策变化的交互项（$\beta = 0.372, P < 0.05$）对企业绿色创新绩效具有显著的正向影响。这表明政府补贴能够显著增强了管理者环境注意力在经济政策变化与企业绿色创新绩效关系中的正向调节作用，验证了假设 H4c。为直观展示政府补贴的二次调节作用，绘制了在不同政府补贴水平和管理者环境注意力水平下，经济政策变化对绿色创新绩效影响，如图4-3（b）所示。从图4-3（b）中可以看出，在低水平政府补贴水平下，随着管理者环境注意力水平的增加，经济政策变化与绿色创新绩效关系的斜率由 0.398 提升至 0.619。在中水平政府补贴下，管理者环境注意力水平增加使斜率由 0.409 提升至 0.785。在高水平政府补贴水平下，管理者环境注意力水平增加使斜率由 0.412 提升至 0.950。这些结果表明，政府补贴水平越高，管理者环境注意力水平的变化对经济政策变化与企业绿色创新绩效之间的正向关系影响越显著，斜率的变化幅度越大。这进一步验证了假设 H4c 的成立。

再次，检验政治关联对管理者过度自信的二次调节作用。由表4-5的 Model 5 结果可知，政治关联、管理者过度自信与经济政策变化的交互项（$\beta = -0.124, P < 0.01$）对企业绿色创新绩效具有显著的负向影响。这表明政治关联强化了管理者过度自信在经济政策变化与企业绿色创新绩效负向关系中的调节作用，验证了假设 H5a。为直观展示政治关联的二次调节效应，图4-4（a）给出了在不同政治关联程度和管理者过度自信水平的情境下，经济政策变化对绿色创新绩效的影响。从图4-4（a）中可以看出，当企业具有较高的政治关联水平时，随着管理者过度自信水平的上升，经济政策变化与绿色创新绩效之间的关系的斜率由 0.390 下降至 -0.405。当企业具有较低政治关联水平时，管理者过度自信水平增加使斜率由 0.407 下降至 -0.124。而当企业没有政治关联时，管理者过度自信水平增加使斜率由 0.422 下降至 0.187。这一结果表明，政治关联水平越高，管理者过度自信程度的变动对经济政策变化与绿色创新绩效关系的作用越显著，斜率的变化幅度越大，进一步验证了假设 H5a 的成立。

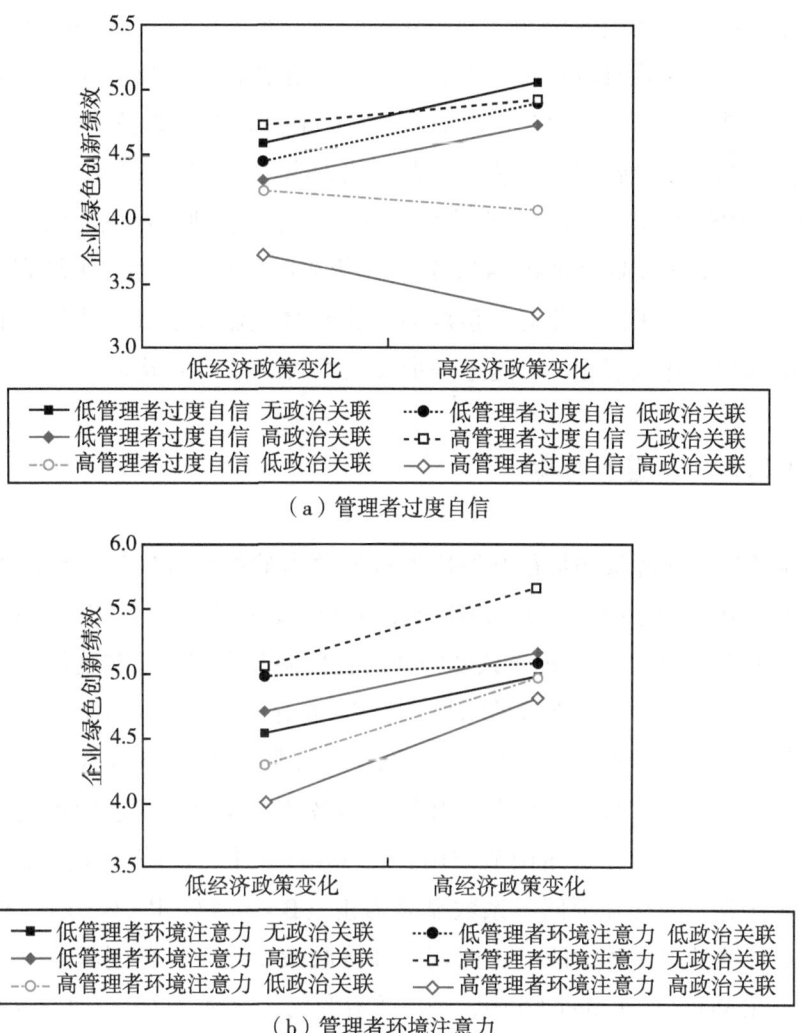

(a）管理者过度自信

(b）管理者环境注意力

图4-4 政治关联的调节效应图

最后，检验政治关联对管理者环境注意力的二次调节作用。从表4-5的 Model 6 结果可知，政治关联、管理者环境注意力与经济政策变化的交互项（$\beta=0.121$，$P<0.05$）对企业绿色创新绩效具有显著的正向影响。这表明政治关联强化了管理者环境注意力在经济政策变化与企业绿色创新绩效关系中的正向调节作用，验证了假设 H5c。为直观展示政治关联的二次调节作用，绘制了不同政治关联水平和管理者环境注意力水平下，经济政

策变化对绿色创新绩效影响,如图 4-4 (b) 所示。从图 4-4 (b) 中可以看出,当企业具有较高政治关联水平时,随着管理者环境注意力水平的增加,经济政策变化与绿色创新绩效关系的斜率由 0.412 提升至 0.726。当企业具有较低政治关联水平时,管理者环境注意力水平增加使斜率由 0.409 提升至 0.607。而当企业没有政治关联时,管理者环境注意力水平增加使斜率由 0.398 提升至 0.542。这一结果表明,政治关联水平越高,管理者环境注意力水平的变化对经济政策变化与绿色创新绩效关系的影响越显著,斜率的变化幅度越大。这进一步验证了假设 H5c 的成立。

4.3.5 稳健性检验

为验证管理者认知特征与制度性资源要素的权变效应研究结论的稳健性,采用第 3 章的方法,通过替换自变量和因变量对研究样本进行重新回归分析。表 4-6 展示了管理者认知特征的直接调节作用以及制度性资源要素的二次调节作用的稳健性检验结果。表 4-6 显示,在 Model 1 中,经济政策变化与管理者过度自信的交互项回归系数显著为负($\beta = -0.434$,$P < 0.01$),表明管理者过度自信会削弱经济政策变化与绿色创新绩效之间的正向关系,即存在负向调节作用。在 Model 2 中,经济政策变化与管理者环境注意力的交互项回归系数显著为正($\beta = 0.477$,$P < 0.01$),表明管理者对环境的关注程度能够正向调节经济政策变化与绿色创新绩效之间的关系。在 Model 3 和 Model 5 中,经济政策变化、管理者过度自信与政府补贴的交互项回归系数($\beta = -0.166$,$P < 0.01$)以及经济政策变化、管理者过度自信与政治关联的交互项回归系数($\beta = -0.096$,$P < 0.01$)均显著为负。这表明政府补贴和政治关联进一步增强了管理者过度自信的负向调节效应。在 Model 4 和 Model 6 中,经济政策变化、管理者环境注意力与政府补贴的交互项回归系数($\beta = 0.364$,$P < 0.01$)以及经济政策变化、管理者环境注意力与政治关联的交互项回归系数($\beta = 0.210$,$P < 0.01$)均显著为正,表明政府补贴和政治关联显著增强了管理者环境注意力的正向调节作用。这些结果进一步验证了管理者过度自信在经济政策变化与绿色创新绩效关系

中的负向调节影响,以及管理者环境注意力的正向调节作用。此外,政府补贴和政治关联在上述关系中发挥了显著的增强作用,分别加剧了管理者过度自信的负向调节效应,强化了管理者环境注意力的正向调节效应。基于以上分析,权变效应研究假设得到了进一步验证,实证研究结果具有较强的稳健性。

表4-6　　　　　　　稳健性检验

变量	Model 1	Model 2	Model 3	Model 4	Model 5	Model 6
EPC	0.256*** (4.13)	0.146*** (2.68)	0.237*** (4.23)	0.142*** (3.16)	0.271*** (6.11)	0.200*** (4.93)
EOC	0.159 (1.59)		0.223** (2.21)		0.169* (1.77)	
PCL					-0.086*** (-2.91)	-0.123*** (-3.90)
EPC × EOC	-0.434*** (-3.29)		-0.314*** (-2.73)		-0.357*** (-4.07)	
EPC × EOC × PCL					-0.096*** (-1.39)	
EPC × PCL					-0.011 (-0.37)	-0.018 (-0.71)
EOC × PCL					-0.057 (-1.01)	
EEA		-0.031 (-0.11)		0.371 (1.15)		0.080 (0.35)
EPC × EEA		0.477** (2.30)		0.841*** (3.57)		0.227** (1.38)
EPC × EEA × PCL						0.210** (2.41)
EEA × PCL						-0.193 (-1.60)

续表

变量	Model 1	Model 2	Model 3	Model 4	Model 5	Model 6
SUB			-0.002 (-0.05)	0.009 (0.32)		
EPC×EOC×SUB			-0.166*** (2.95)			
EPC×SUB			-0.027 (-1.02)	-0.004 (-0.15)		
EOC×SUB			0.066 (1.50)			
EPC×EEA×SUB				0.364* (1.88)		
EEA×SUB				0.421* (1.90)		
常数项	-4.936*** (-2.76)	-4.351** (-2.15)	-4.957*** (-2.81)	-4.741** (-2.30)	-2.891* (-1.69)	-2.837 (-1.30)
Pseudo R2	0.8571	0.8563	0.8578	0.8568	0.86	0.8598
控制变量	YES	YES	YES	YES	YES	YES
固定效应	YES	YES	YES	YES	YES	YES
样本量	17591	17591	17591	17591	17591	17591

注：* $P<0.10$；** $P<0.05$；*** $P<0.01$；括号内为稳健标准误差。
EPC：经济政策变化；CGI：企业绿色创新绩效；STR：战略变革；SUB：政府补贴；PCL：政治关联；EOC：管理者过度自信；EEA：管理者环境注意力。

4.4 结果讨论

4.4.1 管理者认知特征权变效应结果讨论

首先，本章揭示了管理者过度自信对经济政策变化影响企业绿色创新的调节效果。这一结论与 Yang 等（2024）[290]和 Hu 等（2024）[291]关于管理者过度自信在绿色创新绩效前因中的负向调节作用的研究结果基本一致。本章进一步探讨了在不同管理者过度自信水平的情境下，经济政策变化与企业绿色创新绩效之间的内在联系。具体来说，管理者过度自信降低了企业的风险感知能力，并强化了组织惯性。在这种情况下，面对经济政策变化的企业通常会忽视外部环境的变化和发展趋势，而被过去的经营模式所束缚，从而形成路径依赖，阻碍了企业战略变革的实施。此外，管理者过度自信还通过归因倾向和控制幻觉降低了企业的危机意识和投资效率。在此背景下，环境污染所引发的合法性风险难以引起足够重视，企业更倾向于选择回报周期短但风险和收益均较高的投资项目，最终对企业绿色创新绩效的提升产生阻碍。本章基于高阶梯队理论，将管理者过度自信引入绿色创新绩效影响因素的研究框架，既拓展了以往研究中对经济政策变化影响的情景条件的观点，又更新了对管理者心理特征的研究范围。这一探索促使对企业绿色创新绩效的研究更加系统和全面，为理解复杂情境下的绿色创新动态提供了新的理论视角。

其次，本章揭示了管理者环境注意力对经济政策变化影响绿色创新绩效的调节作用，这一结论与 Martinez‐Falcó 等（2024）[283] 和 Makhloufi 等（2024）[284] 关于管理者环境注意力在提升绿色创新绩效中的积极调节效果的研究结果基本一致。同时，本章进一步细化了 Magerakis 等（2022）关于管理者注意力在应对外界环境变化中发挥正向调节作用的观点[292]，并探讨了不同管理者环境注意力水平下经济政策变化与企业绿色创新绩效之间的内在联系。具体而言，一方面，管理者环境注意力的合理配置有助于企业意识到环境问题在获取规制合法性中的重要性，并正向解读前瞻性环保行为的风险与收益。在这一情境下，战略变革水平较高的企业能够更准确地识别出粗放型生产经营模式的不足，从而迅速提高绿色创新战略的优先级，最终推动企业绿色创新绩效的提升。另一方面，管理者环境注意力能够帮助企业更有效地获取和预测环境技术的变化与发展趋势，提升企业在战略变革过程中对绿色技术知识的学习和迭代速度。在这种情境下，面对经济政策变化，企业能够通过战略变革过程快速识别环保市场需求，进而积极探索可持续发展的方向和路径，加速绿色创新绩效的提升。本章从高阶梯队理论的视角出发，验证并丰富了管理者环境注意力对绿色创新绩效的权变因素作用，进一步拓展了环境变化与管理者注意力领域的相关研究，为企业应对复杂政策环境中的绿色转型提供了理论支持。

4.4.2 制度性资源要素权变效应结果讨论

首先，本章揭示了政府补贴对管理者过度自信和管理者环境注意力的二次调节作用，这一发现进一步验证了 Ahia 等（2022）[293]和 Magerakis 等（2022）[292]关于政府补贴对提升管理者过度自信和环境注意力的相关结论。此外，拓展了 Yasmeen 等（2022）[294]关于政府补贴在环境周期变化情境中的影响机制的研究，并深入探讨了不同政府补贴水平下，管理者认知特征如何影响经济政策变化对企业绿色创新绩效的内在影响。具体而言，政府补贴往往促使管理者对企业未来表现持有更乐观的预期，并可能忽视市场风险，从而导致企业对短期收益项目过度投资。这种现象不仅未能有效提升企业的环保绩效，反而可能导致资源浪费和效率低下。然而，适当水平的政府补贴可以积极激励企业增加环保投入，引导管理者更加关注环境问题，从而推动企业投资于更环保的生产技术和管理实践，增强管理者环境注意力的集中，进而提升绿色创新绩效。因此，本章得出政府补贴能够加强管理者过度自信的负向调节效应以及强化管理者环境注意力的正向调节效应的结论。本章从资源依赖理论视角出发，拓展了政府补贴在管理者过度自信和环境注意力中的影响机制研究，进一步丰富了绿色创新绩效资源情境的相关文献。此外，本章揭示经济政策变化通过何种权变因素对企业绿色创新绩效产生影响，提供较为深入的理解，为理论研究和实践应用提供了新的思路。

其次，本章揭示了政治关联对管理者过度自信和管理者环境注意力的二次调节作用，验证并细化了现有关于政治关联在管理者过度自信和环境注意力中发挥积极作用的观点。同时，本章进一步深化了 Choi 等（2021）[75]关于政治关联在经济政策变化中发挥直接调节作用的研究，并探讨了不同政治关联水平下，管理者认知特征如何影响经济政策变化与企业绿色创新绩效之间的内在联系。具体而言，政治关联通过提供资源和政策支持，减轻了管理者在经济政策变化下的顾虑，从而加剧了管理者的过度自信。这种加剧可能导致管理者对企业面临的潜在风险和挑战判断不足，影响绿色创新绩效的积极性。此外，政治关联的资源与信息优势显著缓解了环境行为中风险与收益的不平衡，促使管理者更加关注环境议题，从而强化了其环境注意力。这种强化能够引导企业更积极地应对外部环境变化，并推进绿色创新绩效的提升。因此，本章得出政治关联能够增强管理者过度自信的负向调节作用，同时强化管理者环境注意力的正向调节作用的结论。本章以资源依赖理论为基础，将政治关联引入对管理者过度自信和环境注意力的研究框架，进一步深化了以往关于政治关联的研究范畴。同时，本章拓展了政治关联在经济政策变化情境下对企业绿色创新绩效的影响机制的理解，提供了新的理论视角和实践启示。

4.5 本章小结

本章基于第2章构建的理论框架，立足于高阶梯队理论和资源依赖理论的视角，提出了经济政策变化对企业绿色创新绩效影响过程中存在的情景因素理论假设，并通过多层次回归分析对假设进行了检验。研究结果表明，管理者过度自信在经济政策变化与企业绿色创新绩效的关系中表现出负向调节效应；而管理者对环境的关注则在这一关系中发挥了正向调节作用；政府补贴和政治关联分别强化了管理者过度自信和环境注意力在经济政策变化与企业绿色创新绩效关系中的调节效应。研究结果不仅在理论层面进一步扩展了高阶梯队理论与资源依赖理论的相关研究，还在实证层面深化了对经济政策变化影响机制的权变效应的认识。

第 5 章

经济政策变化对企业绿色创新绩效影响的动态过程

基于第 2 章构建的理论框架以及第 3 章与第 4 章揭示的影响路径与权变效应研究结果,本章旨在回答"经济政策变化对企业绿色创新绩效的动态演化关系是什么"这一核心问题。本章以相关综合模型和动态机制为基础,构建了系统动力学模型,详细分析了系统模型中的因果关系回路,并设置了相应的仿真模型。通过利用 Vensim PLE 软件进行仿真模拟,探讨了经济政策变化随时间变化对企业绿色创新绩效的动态影响规律。在此过程中,对实现最大绿色创新绩效的经济政策变化进行了阈值分析,为后续提升企业绿色创新绩效的政策建议提供了理论基础。

5.1 经济政策变化影响企业绿色创新绩效的综合模型与动态机制

5.1.1 综合模型

经济政策变化既能够直接影响企业绿色创新绩效,也可以通过中介路径间接作用于其绩效。同时,这一过程受到管理者认知特征和制度性资源要素的显著影响。在政府逻辑和市场逻辑的双重驱动下，经济政策变化既直接影响企业绿色创新绩效，也通过影响战略变革这一中介变量间接影响绿色创新绩效。此外，该过程受到以下调节因素的影响：管理者过度自信会削弱经济政策变化与企业绿色创新绩效之间的正向关系，表现出显著的负向调节效应；管理者环境注意力对经济政策变化与企业绿色创新绩效之间的关系起到正向调节作用，进一步增强了经济政策变化的积极影响；政府补贴和政治关联进一步增强了上述调节作用，即它们增强了管理者过度自信和环境注意力在经济政策变化与企业绿色创新绩效之间的影响力。总体而言，经济政策变化、战略变革以及管理者认知特征（如过度自信与环境注意力）、制度性资源要素（政治关联与政府补贴）与企业绿色创新绩效之间存在复杂的相互作用机制。

具体而言，在影响路径方面，经济政策变化能够通过直接和间接方式影响企业绿色创新绩效。一方面，经济政策的变化通过增强企业的风险规避和机遇激励动机，提高了环境行为背后政府逻辑与市场逻辑的一致性。这一机制有助于增强企业追求合法性与竞争力的动力[187]，从而对绿色创新绩效产生积极作用。另一方面，经济政策变化通过"经济政策变化→战略变革→绿色创新绩效"的路径间接影响企业绿色创新绩效。在制度环境日益复杂的背景下，企业必须调整资源配置，以突破惯性思维的约束[73]。这一过程促使企业内化潜在的矛盾因果关系，提升其对外部环境变化的敏锐度。同时，在组织变革理论视角下，经济政策变化显著影响了风险规避和机会识别在战略变革中的作用，从而推动企业进行必要的战略调整[130]。战略变革不仅提升了企业对内外部资源的整合与配置效率，还激发了企业开展绿色创新的意愿。这一变革支持了绿色创新所需的高风险、长周期和高投入特性，最终显著提升了企业的绿色创新绩效[11]。综上所述，经济政策变化通过直接激发企业的合法性追求和竞争动力，以及间接通过战略变革整合资源，推动了企业绿色创新绩效的提升。

与此同时，经济政策变化与企业绿色创新绩效之间的关系还受到管理者认知特征的影响和制度性资源要素的影响。管理者过度自信削弱了企业在制度逻辑框架下应对经济政策变化的能力，降低了其承担风险和识别机遇的意愿[222]。这一特性削弱了企业通过资源配置调整获取合法性和增强竞争力的积极性，不利于绿色创新绩效的提升。管理者环境注意力则能够帮助企业在复杂且失真的外部环境中分析与预测环境信息，更有效地协调政府逻辑与市场逻辑，从而积极获取合法性并增强竞争力[8]，这对企业绿色创新绩效的提升具有显著促进作用[282]。政治关联和政府补贴为企业提供资源支持，但同时可能导致管理者高估自身能力与资源优势，进一步加剧过度自信所带来的决策偏差，使其忽视合法性风险与绿色市场信号。政治关联使管理者能够及时获取与绿色发展和环境保护相关的政策信息[207]，帮助企业更精准地应对政策变化。政府补贴则缓解了企业的融资约束，增强了管理者在资金分配上的灵活性[153]，从而促进绿色创新资源的有效投入。基于以上分析，经济政策变化影响绿色创新绩效的综合模型如图5-1所示。本书以此模型为基础，构建了经济政策变化影响企业绿色创新绩效的仿真模型。

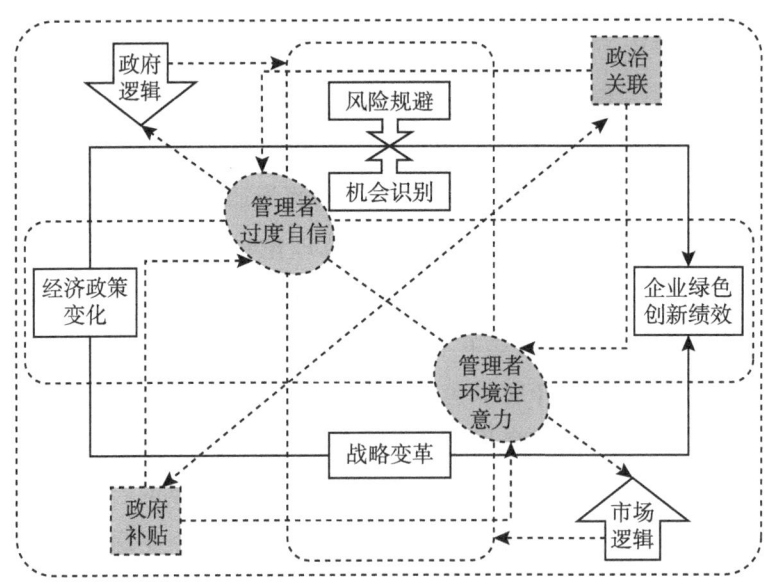

图5-1　经济政策变化对企业绿色创新绩效影响的综合模型

5.1.2 动态机制

系统动力学源自控制理论，通过系统性地梳理和总结信息反馈机制的交互作用，以分析和理解复杂系统内部的动态演化规律。这是一种旨在研究复杂系统行为的综合性方法论[295]。经济政策变化对企业绿色创新绩效的影响是一个复杂且动态演变的过程，展现出系统性特征，并可能在不同时间条件下产生多样化且不可预测的结果。

一方面，经济政策变化对企业绿色创新绩效的影响随着时间的推移呈现显著的动态特征，即体现出时间效应。企业在应对政策波动时，通常采取积极的战略调整，以迅速适应不断变化的市场环境和政策要求[95]。在这一阶段，企业管理者对政策波动表现出高度敏感，加大了对绿色技术研发和可持续产品开发的投入。此时，政策变化被视为一种激励因素，有效推动了企业绿色创新绩效的快速提升[103]。然而，随着时间的推移，企业逐渐建立起应对政策变化的有效机制。这些机制通常包括系统化的学习与决策流程，通过经验积累和数据分析，企业不断增强对政策变动的适应能力。尽管这种适应性提升了企业的稳定性，但同时也削弱了战略变革的频率和幅度[247]。在此背景下，企业对政策环境的适应性增强，使得绿色创新的紧迫感可能减弱，从而导致创新活动的放缓。此外，长期的政策变化可能促使企业在战略调整上更加谨慎[74]。面对持续的政策波动，企业往往优先考虑稳定性，以避免因频繁的战略调整导致资源浪费和管理挑战。这种保守态度显著削弱了企业绿色创新的动力，进一步影响了绩效提升的速度。值得注意的是，资源重置的难度随着时间的延长而逐步增加，企业在实施绿色战略变革时面临更大的挑战[296]。资源的有效配置与重组通常需要显著的时间和投入，而在变化的政策环境下，企业出于对风险的担忧，倾向于减少对战略变革的投入。这种资源配置的谨慎限制了企业在绿色创新方面的积极性，从而制约了其绩效提升的潜力。此外，随着市场环境逐渐趋于稳定，企业的战略选择也随之发生变化。经历了高强度的创新和频繁的战略调整后，企业逐步进入一个相对稳定的发展阶段。

在这一阶段，企业更加倾向于优化现有的绿色创新策略，而非追求新的技术突破。这一发展趋势进一步削弱了政策变化对企业绿色创新绩效的促进效果。

另一方面，经济政策变化对企业绿色创新绩效的影响呈现出随时间变化的阈值效应。在政策环境相对稳定的情况下，企业的绿色创新绩效通常较低。这一现象主要归因于企业在享有安全感和稳定预期的背景下，更倾向于维持现状而非追求创新[102]。在此阶段，企业的动态特征表现为强化的负向反馈机制，即缺乏创新的紧迫感，绿色创新投入的流入量显著不足，从而形成自我强化的反馈循环，导致绿色创新能力停滞不前。同时，资源配置的僵化现象尤为显著，企业往往将资源集中于现有产品和市场，大幅限制了对绿色产品的探索空间，进一步抑制了战略变革的可能性[109]。此外，组织惯性的影响也不可忽视，企业在面对战略调整时通常表现出一定程度的抵触，难以迅速适应市场环境的变化[225]。当企业面临中等水平变化强度时，适度的风险与机遇驱动企业在遵循制度逻辑的过程中积极发挥能动性，从而激发战略变革和绿色创新的内在动力。在这一阶段，绿色创新的流入量显著增加，企业能够敏锐地识别政策变化所带来的市场机遇，主动调整战略并加大研发投入，进一步提升绿色技术和资源的存量。与此同时，适应性学习能力的增强使企业能够通过学习和调整管理策略更有效地应对政策变化，从而深入推动绿色创新实践的实施[131]。在此过程中，企业能够有效完成资源的重新配置，将现有资源合理分配到绿色创新项目中，最终实现绿色创新绩效的显著提升。然而，在变化的政策环境下，风险与机遇的失衡通常导致企业表现出强烈的风险规避倾向，触发了复杂的动态反馈机制，使企业可能缩减创新投资的流入量，从而形成负向反馈循环，显著抑制绿色创新绩效的提升[230]。因此，企业在不同政策环境下的绿色创新绩效体现出动态反馈机制与关键变量流动变化之间的复杂交互特性。

基于经济政策变化对企业绿色创新绩效的动态演化特性，构建了系统动力学模型，旨在探讨经济政策变化对企业绿色创新绩效的时间效应与阈值效应。本书遵循系统动力学仿真模拟的步骤，首先通过详细构建因果回路图与系统流图,明确各变量之间的相互作用关系及反馈机制;其次,精确设定变量参数并进行仿真模拟,以确保各变量的数值和范围能够真实反映实际情境。这一过程清晰展示了变量间的相互作用机制及其动态关系。

5.2 仿真模型构建

5.2.1 因果关系回路

基于经济政策变化对企业绿色创新绩效的直接作用路径、间接作用路径以及权变效应的理论分析,本书以涵盖经济政策变化、战略变革、管理者过度自信、管理者环境注意力、政府补贴及政治关联企业绿色创新绩效的系统模型为基础,系统梳理了这些变量之间的因果关联及相互影响机制。本书利用 Vensim 软件构建了系统动力学因果关系图。如图 5-2 所示,清晰展示了动态过程中主要反馈回路:

第一,经济政策变化→市场竞争→信息资源→机会识别→战略变革→资源重置→绿色创新投入→企业绿色创新绩效→市场竞争。

第二,经济政策变化→融资约束→资金资源→风险规避→战略变革→资源重置→绿色创新投入→企业绿色创新绩效→融资约束。

第三,管理者过度自信→资源重置→绿色创新投入→企业绿色创新绩效→融资约束→资金资源→风险规避→战略变革→资源重置。

第四,管理者过度自信→组织惯性→绿色创新意愿→企业绿色创新绩效→市场竞争→信息资源→机会识别→战略变革→绿色创新意愿。

第五,管理者环境注意力→资源重置→绿色创新投入→企业绿色创新绩效→融资约束→资金资源→风险规避→战略变革→资源重置。

第六,管理者环境注意力→组织惯性→绿色创新意愿→企业绿色创新绩效→市场竞争→信息资源→机会识别→战略变革→绿色创新意愿。

第七，政府补贴→资金资源→机会识别→战略变革→资源重置→绿色创新投入→企业绿色创新绩效→融资约束→资金资源。

第八，政府补贴→资金资源→风险规避→战略变革→资源重置→绿色创新投入→企业绿色创新绩效→融资约束→资金资源。

第九，政府补贴→信息资源→机会识别→战略变革→资源重置→绿色创新投入→企业绿色创新绩效→市场竞争→信息资源。

第十，政府补贴→信息资源→风险规避→战略变革→资源重置→绿色创新投入→企业绿色创新绩效→市场竞争→信息资源。

第十一，政治关联→资金资源→机会识别→战略变革→资源重置→绿色创新投入→企业绿色创新绩效→融资约束→资金资源。

第十二，政治关联→资金资源→风险规避→战略变革→资源重置→绿色创新投入→企业绿色创新绩效→融资约束→资金资源。

第十三，政治关联→信息资源→机会识别→战略变革→资源重置→绿色创新投入→企业绿色创新绩效→市场竞争→信息资源。

第十四，政治关联→信息资源→风险规避→战略变革→资源重置→绿色创新投入→企业绿色创新绩效→市场竞争→信息资源。

前述十四条反馈回路共同作用于经济政策变化与企业绿色创新绩效之间的关系，构建了经济政策变化影响企业绿色创新绩效的因果关系图，如图5-2所示。然而，该因果关系图仅展示了变量之间的定性关联，并未涉及变量间定量关系的描述。为进一步深入探讨变量间的定量关系，本书将绘制经济政策变化对企业绿色创新绩效影响的系统流图，以更全面地呈现其动态演变过程。

5.2.2 系统流图

基于经济政策变化对企业绿色创新绩效的因果关联回路，本书利用Vensim软件构建了描绘经济政策变化影响企业绿色创新绩效的系统流图如图5-3所示，该图展示了系统内各因素之间的相互关系及其动态演化过程。具体而言，状态变量包括战略变革和企业绿色创新绩效；速率变量包

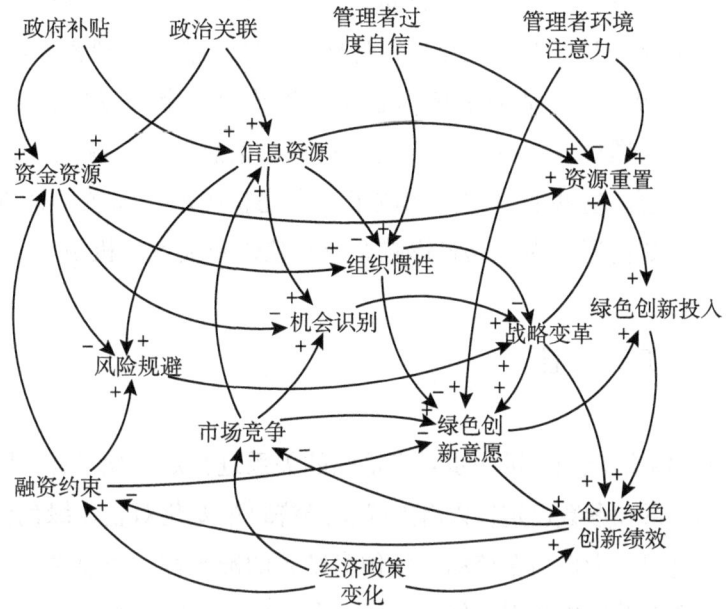

图 5-2 经济政策变化作用于企业绿色创新绩效的因果关系图

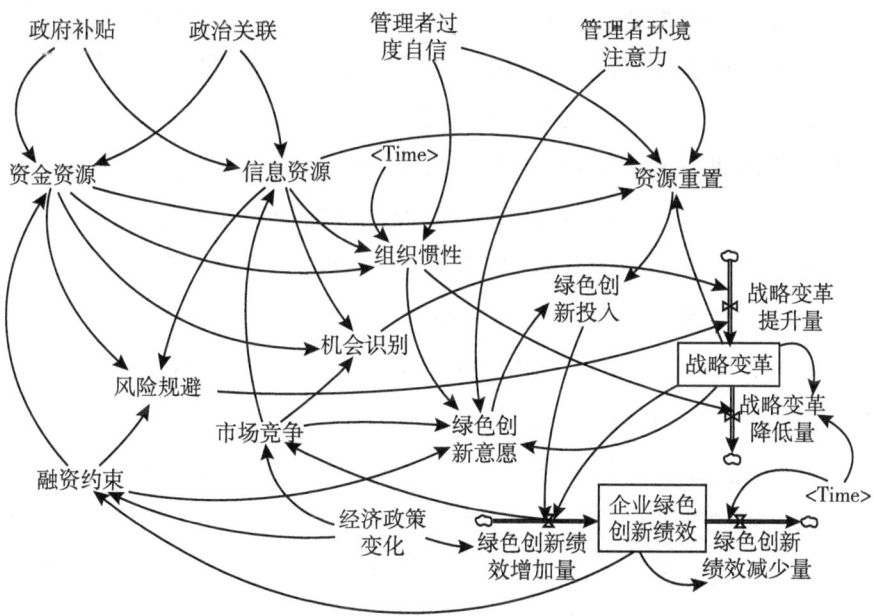

图 5-3 经济政策变化对企业绿色创新绩效的系统流图

括战略变革提升量、战略变革降低量、绿色创新绩效增加量和绿色创新绩效减少量。常量涉及经济政策变化、管理者过度自信、管理者环境注意力、政府补贴和政治关联。辅助变量则涵盖融资约束、市场竞争、风险规避、机会识别、组织惯性、资源重置、资金资源、信息资源、绿色创新投入以及绿色创新意愿。这些变量共同构成了一个完整的动态系统,详细刻画了经济政策变化如何通过多重路径影响企业绿色创新绩效的机制。

5.2.3 方程设置

基于前述系统流图,进一步对变量间的关系进行定量化描述,明确变量之间的数学关系和参数设定,以有效模拟经济政策变化对企业绿色创新绩效的动态影响过程。为提高系统动力学仿真结果的准确性和可靠性,本书不仅参考了既有学者的历史数据与经验,还综合分析了相关领域多年来的实证研究与理论模型。结合方炜和郑立明(2021)[295]、郭韬等(2020)[218]的研究思路,并遵循系统平衡态的准则,对因果关系中主要变量的作用方程进行设置,同时通过表函数对变量间的参数和数值进行模拟取值。战略变革被定义为状态变量,其取值直接受到战略变革提升量与减少量的影响。根据本书对前人的研究调研结果[73,75,132,247],将战略变革的初始值设置为3,设置相关变量的函数方程式如式(5-1)至式(5-3)所示:

战略变革 = INTEG(战略变革提升量 − 战略变革减少量,3)　　(5-1)

战略变革提升量 = 0.22 × 风险规避 + 0.14 × 机会识别　　(5-2)

战略变革降低量 = IF THEN ELSE[ABS(战略变革) > 0.1, (战略变革 − 组织惯性) × 0.01 + 0.001 × Time, 0]　　(5-3)

企业的风险规避与其资金资源、信息资源以及外部融资约束密切相关。充足的资金资源能够增强企业的抗风险能力,缓解财务压力;同时,信息资源的获取与高效利用有助于企业更准确地评估风险并制定应对策略[142]。相比之下,外部融资约束则可能限制企业获取外部资金的能力,从而削弱其应对风险的灵活性[85]。此外,企业识别环境机会的能力同样依赖于资金资源、信息资源以及外部市场竞争。当企业资金资源丰富时，可能更倾向于维持现状，而非主动识别并追求创新性市场机会，从而导致机会识别能力的削弱[130]。相比之下，信息资源的有效利用提升了企业对市场动态的洞察力[75]。与此同时，外部市场竞争能够激励企业快速识别并抓住市场机会，以确保竞争优势的持续保持[297]。借鉴已有学者的经验[62,81,233,234]，相关变量函数方程式如式（5-4）至式（5-5）所示：

$$风险规避 = 0.5 \times 资金资源 + 0.3 \times 信息资源 - 0.1 \times 融资约束 \tag{5-4}$$

$$机会识别 = -0.3 \times 资金资源 + 0.5 \times 信息资源 + 0.2 \times 市场竞争 \tag{5-5}$$

资金资源的可获得性主要受到政府补贴、政治关联和融资约束的综合影响。政府补贴和政治关联能够为企业提供重要的资金支持与政策优势，从而有效降低融资成本并增强企业获取资金的能力[207]。相反，融资约束则构成企业资金获取的主要障碍[97]。信息资源的获取同样深受政府补贴和政治关联的影响。政治关联帮助企业获取关键政策信息和行业趋势，从而提升决策效率与精准性[160]。此外，市场竞争在信息资源获取过程中发挥了重要作用。在高度竞争的市场环境中，企业为保持竞争力，需要积极收集外部市场信息、整合行业动态并快速响应，这进一步丰富了企业的信息资源[82]。借鉴已有学者的经验[82,97,160,261]，相关变量函数方程式如式（5-6）至式（5-9）所示：

$$资金资源 = 0.4 \times 政府补贴 + 0.1 \times 政治关联 - 0.8 \times 融资约束 \tag{5-6}$$

$$信息资源 = 0.1 \times 政府补贴 + 0.4 \times 政治关联 + 0.2 \times 市场竞争 \tag{5-7}$$

$$政府补贴 = \text{RANDOM UNIFORM}(0, 9.992, 1.176) \tag{5-8}$$

$$政治关联 = \text{RANDOM INTEGER}(0, 4, 1.618) \tag{5-9}$$

经济政策的变化显著加剧了企业的融资约束，因为金融机构在面对政策环境的不明确性时，通常倾向于采取更加保守的放贷策略，这进一步增加了企业融资的难度[101]。与此同时，经济政策的变化强化了市场竞争，通过增加信息不对称和资源获取的难度,迫使企业加速扩展与创新,从而显著激化了市场竞争的激烈程度[82]。绿色创新在缓解融资约束和市场竞争发挥了重要作用。一方面,绿色创新能够帮助企业争取政府支持和吸引环保相关投资[273];另一方面,它还能通过形成独特的竞争优势,帮助企业在市场中占据有利地位,从而有效减轻市场竞争压力[17,30]。借鉴已有学者的经验[19,33,262,298],相关变量函数方程式如式(5-10)至式(5-12)所示:

$$融资约束 = 0.5 \times 经济政策变化 - 0.3 \times 绿色创新绩效 \quad (5-10)$$

$$市场竞争 = 0.5 \times 经济政策变化 - 0.6 \times 绿色创新绩效 \quad (5-11)$$

$$经济政策变化 = \text{RANDOM UNIFORM}(0.921, 3.904, 0.556) \quad (5-12)$$

企业的绿色创新绩效不仅受到战略变革和经济政策变化的直接影响,还受到战略变革通过资源重置、绿色创新意愿及投入的间接影响。资源重置的效率与战略变革、资金资源、信息资源以及管理者的过度自信与环境注意力的分配密切相关。战略变革能够通过优化资源的整合与利用,显著提升资源重置的效率[299]。资金资源在缓解企业项目之间的资源竞争压力方面发挥了关键作用,从而对资源配置产生积极影响[300]。此外,信息资源能够帮助企业快速识别和理解环境问题的紧迫性,促进资源向可实现利益最大化的可持续绿色创新项目倾斜[299]。然而,管理者的过度自信可能导致企业错误地认为现有资源配置已经最优,从而降低资源重置的意愿,难以适应环境变化[138]。相比之下,管理者的环境注意力能够帮助企业获取与环境问题相关的信息,并识别潜在的污染矛盾,从而使资源重置过程更加快速和高效[213]。借鉴已有学者的经验[138,213,282],相关变量函数方程式如式(5-13)至式(5-18)所示:

$$绿色创新绩效 = \text{INTEG}(绿色创新绩效增加量 - 绿色创新绩效减少量, 2) \quad (5-13)$$

$$绿色创新绩效增加量 = 0.4 \times 战略变革 + 0.2 \times 经济政策变化 + 0.3 \times 绿色创新投入 \quad (5-14)$$

$$绿色创新绩效减少量 = \text{IF THEN ELSE}(绿色创新绩效 > 0.5, 0.03 \times 绿色创新绩效 + 0.01 \times \text{Time}, 0) \quad (5-15)$$

资源重置 = 0.2 × 战略变革 + 0.3 × 政府补贴 + 0.2 × 信息资源 + 0.3 × 管理者环境注意力 − 0.1 × 管理者过度自信 (5 − 16)

管理者过度自信 = RANDOM UNIFORM(0.092,1,0.180) (5 − 17)

管理者环境注意力 = RANDOM UNIFORM(0,0.782,0.157) (5 − 18)

时间与组织惯性具有相关关系，随着时间的推移，组织惯性水平会得到提升[109]，因此在方程中加入时间因素。本书根据前人研究[301]，组织惯性的方程设置如式（5 − 19）所示：

组织惯性 = 0.6 × 管理者过度自信 + 0.2 × 信息资源 + 0.2 × 资金资源 + 0.01 × Time (5 − 19)

5.3 仿真分析

5.3.1 模型有效性检验

基于前面构建的系统流图和变量方程，本书采用 Vensim PLE 软件运行系统动力学仿真模型，仿真周期设定为 72 个月，其中 SAVEPER = TIME STEP，TIME STEP = 0.25。为确保经济政策变化对企业绿色创新绩效的动态仿真结果的准确性和可靠性，对构建的系统动力学模型进行了结构与功能检验。本书参照既有系统动力学模型的检验方法[302]，采用极端值检验对模型的有效性和准确性进行检验。选取经济政策变化、管理者过度自信、管理者环境注意力、政治关联和政府补贴作为检测变量，并将其值设定为极端值 0；同时，将战略变革和企业绿色创新绩效的初始值分别设定为 3 和 2。通过此检验，评估模型在极端条件下的响应能力和内部一致性，最终获得了模型结构与功能检验的结果，如图 5 − 4 所示。

从图 5 − 4 可以看出，当检测变量设定为 0 时，战略变革和企业绿色创新绩效总体呈现下降趋势，并最终趋于 0。这一结果表明，在缺乏制度环境变化以及组织资源和管理者条件不足的情况下，企业难以感知外部环境中的机会与威胁，也不会主动开展调整业务结构等战略行为，从而导致战略变革增加量为0。同时，随着时间推移，组织惯性和战略刚性逐步增强，进一步削弱了战略变革的存量，从而降低了企业资源配置效率。这一动态过程逐步削弱了企业的绿色创新意愿与投入，从而导致其绿色创新绩效不断下降。上述结果与现实中企业在缺乏外部激励的条件下不愿主动开展战略变革和绿色创新的现象相吻合，说明所构建的经济政策变化对企业绿色创新绩效影响的系统动力学模型具有良好的功能有效性。此外，本书构建的系统动力学模型基于前面的理论模型与实证检验结果，具有坚实的理论与数据基础。在变量方程式与参数设置过程中，参考了以往相关研究成果，进一步证明了该系统动力学模型的结构合理性与科学性。

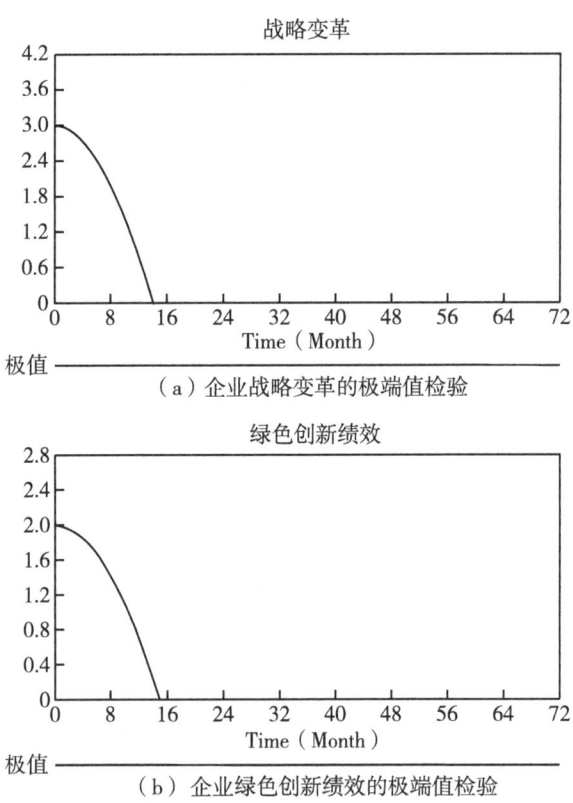

（a）企业战略变革的极端值检验

（b）企业绿色创新绩效的极端值检验

图5-4　经济政策变化对企业绿色创新绩效仿真模型的检验结果（极值）

5.3.2 时间效应分析

结构和功能检验验证了前面构建的系统动力学仿真模型的合理性与有效性。基于此，依据前面设定的方程表达式和估计参数，进一步对经济政策变化与企业绿色创新绩效的系统动力学模型进行仿真模拟，以探讨两者之间的动态过程。具体而言，仿真设置为：INITIAL TIME = 0，FINAL TIME = 72，SAVEPER = TIME STEP，TIME STEP = 0.25，并对相关变量进行随机化参数设定，其中，经济政策变化 = RANDOM UNIFORM（0.921，3.904，0.556），管理者过度自信 = RANDOM UNIFORM（0.092，1，0.180），管理者环境注意力 = RANDOM UNIFORM（0，0.782，0.157），政府补贴 = RANDOM UNIFORM（0，9.992，1.176），政治关联 = RANDOM INTEGER（0，4，1.618）。通过仿真模拟，探讨经济政策变化对企业绿色创新绩效随时间变化的动态影响。模型的仿真结果如图 5-5 所示。从结果可以看出：

首先，随着时间的推移，经济政策变化对市场供需关系、投资信心以及消费者行为等多方面的影响逐渐显现，导致企业的经营环境愈发复杂和动荡。一方面，动态化的经营环境削弱了企业对外部环境的控制能力，可能引发绩效下滑或合法性危机，从而强化企业对潜在风险的敏感性，激励其采取更加谨慎的策略以规避利益损失[197]。另一方面，这种动态环境也为企业提供了超额利润和竞争优势的市场机会[130]，推动企业建立难以模仿的技术优势。同时，对发展机遇的敏感性增强，进一步驱动企业追求长期竞争优势[219]。在此背景下，企业对机遇的感知能力和风险规避倾向的提升，使其在战略调整中表现出更高的偏好与执行能力。这一倾向促使企业更加积极地调整与重构内部和外部资源，以摆脱路径依赖，并灵活适应外部环境变化[137]，从而显著提升其战略变革水平。然而，从图 5-5（a）可以看出，企业战略变革水平在短期内的提升存在边际递减效应。当战略变革达到某一临界点后，进一步提升的难度显著增加，变革速度逐渐减缓，直至达到饱和状态。这一现象的原因在于，动态环境使企业获取的信息常常具有误差性与滞后性，企业需要花费大量时间对信息进行处理与分析，以提取有价值的洞察[303]。此外,信息的时效性也对其有效性构成限制,随着时间的推移,企业通过这些信息感知威胁与机遇的能力逐渐下降[225],从而削弱了动态环境对战略变革的推动作用。

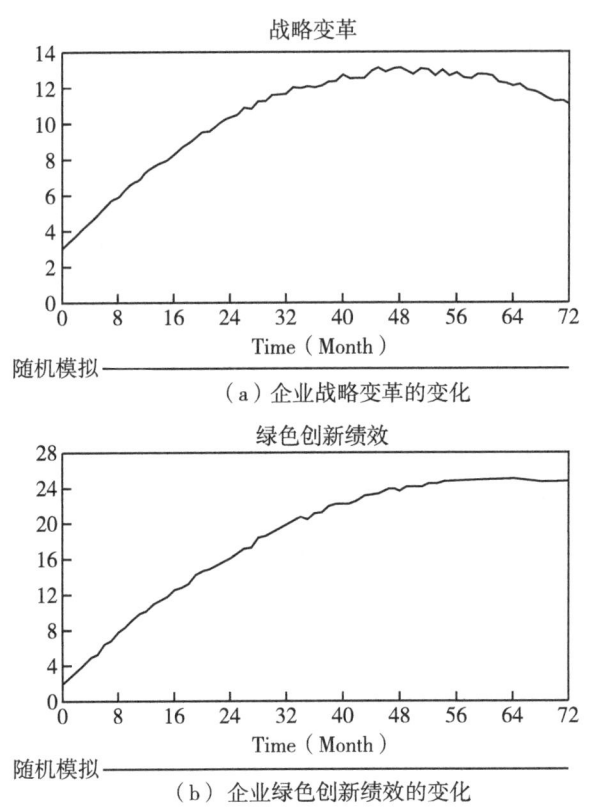

图 5-5　经济政策变化对企业绿色创新时间效应的仿真结果(随机)

其次,从组织惯性的视角出发,可以将经济政策变化对战略变革的影响过程视为克服组织惯性的动态过程[301]。然而,随着时间推移,企业的组织惯性不断加深,这使资源配置逐渐表现出僵化特征[134],从而导致企业在面对快速变化的市场环境时,难以及时调整和有效配置现有资源[236]。这种资源配置的僵化不仅削弱了企业的灵活性,还限制了其在危机情况下迅速响应的能力[197]。与此同时,管理者的思维受到组织惯性的束缚,在面对外部变化时容易产生认知偏差,无法准确评估形势变化和潜在风险,从而进一步减缓战略变革的速度[238]。因此,战略变革的减少量逐渐增加,整体水平呈现明显的下降趋势。从战略变革水平随时间变化的趋势(见图5-5a)来看,在战略变革水平下降阶段,其下降速度随着时间的推移逐步加快。这一现象的根本原因在于,经济政策变化促使企业通过迭代学习和反复实验推动战略变革。在此过程中,企业逐步识别、整合并平衡潜在的矛盾关系,最终形成更加明确的战略方向和战略意图[225]。然而,这一识别与整合过程也暴露了企业的局限性,特别是在信息处理和资源配置能力方面的不足。经济政策变化进一步放大了变革方向中的沉没成本和机会成本,使得企业在变革过程中面临更大的风险和决策压力[236]。这种成本的增加不仅削弱了企业推进变革的积极性,还强化了企业的结构关系和思维惯性,使管理者更倾向于遵循既定路径而非探索新的方向[133]。最终,这种动态过程导致企业战略变革水平的下降速度不断加快,进而严重阻碍了有效的战略调整和组织适应能力的提升。

最后,企业的绿色创新绩效在很大程度上取决于其战略变革水平。在初期阶段,增强的战略变革能力显著提高了企业对环境变化的敏感性和响应速度,使企业能够灵活有效地配置资源,从而显著缩短战略调整的反应时间[275]。这种灵活性使企业在经济政策变化的环境下能够快速实施绿色创新,以对冲潜在的经营风险并获取竞争优势[264]。因此,经济政策变化在短期内对企业绿色创新绩效产生了积极作用,通过提升战略变革水平,进一步推动绿色创新绩效的增长。从企业绿色创新绩效随时间变化的趋势(见图5-5b)来看,绩效提升逐渐表现出边际递减效应。当企业的绿色创新绩效达到某一临界点后,进一步提升的难度显著增加,且提升速度逐渐减缓,最终使绩效水平趋于饱和。这一现象的根本原因在于,随着时间的推移,组织内部的结构惯性对企业战略变革能力的削弱,限制了企业对外部知识和信息的有效吸收与利用[225]。在这一背景下,企业内部相似的信息因缺乏有效的流动与沟通,导致绿色创新效率下降[304],从而减弱了经济政策变化对绿色创新绩效提升的推动作用。与此同时,技术与资源的瓶颈随着时间逐渐显现,导致研发和绿色创新成本显著上升,企业在资源配置和技术获取方面面临越来越大的压力[40]。这一趋势不仅降低了绿色创新的效率，还限制了企业持续推出新型绿色创新成果的能力。此外，随着市场对绿色技术要求的不断提高，企业需要投入更多资源和时间来满足这些需求，这进一步加剧了绿色创新过程中的成本负担[14]。综合来看，这些因素共同导致企业绿色创新绩效趋于平稳，甚至可能出现下降。

5.3.3　阈值效应分析

通过系统动力学仿真模拟可以发现，经济政策变化对企业绿色创新绩效的影响随时间的推移呈现出明显的动态变化特征。然而，企业需要一定的时间来收集和分析经济政策变化中蕴含的信息，这种信息的转化与理解对战略选择和创新产出的引导作用也会随着时间的变化而发生调整。这种动态特性可能导致不同水平的经济政策变化对企业绿色创新绩效的影响表现出不同的特征。为了更准确地探讨经济政策变化对企业绿色创新绩效的具体影响，本书尝试调整经济政策变化的赋值，通过仿真分析其变化对绿色创新绩效的影响。参考第3章样本数据的测算结果，经济政策变化的极值范围为0.7至4.2之间。因此，本书以0.7为基础，模拟经济政策变化幅度从低到高的变动过程，考察企业绿色创新绩效的动态变化规律。模拟结果如图5-6所示。

从图5-6可知，当经济政策变化水平处于0.7~1.4范围内时，企业的战略变革水平呈现下降趋势，进而导致绿色创新绩效随之下降。这表明，较低水平的经济政策变化对企业战略变革产生了不利影响。当经济政策变化幅度较小时，企业所处的外部环境显得相对稳定，管理者倾向于采取保守的战略决策[89]。这种稳定感使企业更加关注短期的成本控制和盈利能力，而忽视对长期绿色创新的迫切需求。在此背景下，企业通常优先维持现有的运营模式，导致战略变革水平显著降低[73]。这一保守态度限制了新技术的引入和可持续实践的探索，从而使企业在绿色创新领域难以取得突破。此外，企业在这种情况下往往依赖于既有的市场和技术路径，缺乏探

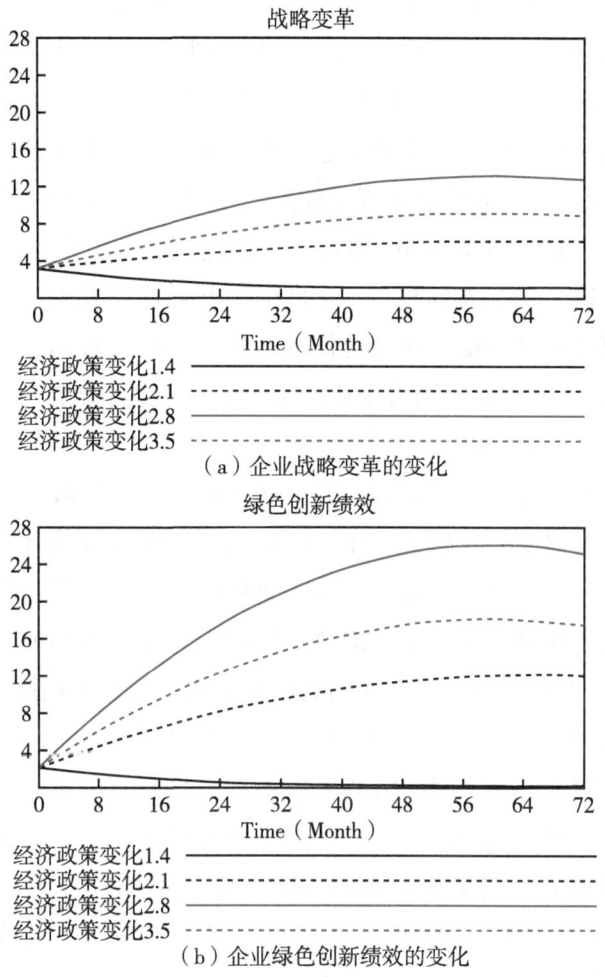

图 5-6 经济政策变化提升对企业绿色创新绩效阈值效应的仿真结果

索新领域的动力[133]。安于现状的心态进一步削弱了企业对绿色创新的投资力度，进而限制了新产品和服务的开发能力。因此，较低的经济政策变化水平可能会推动企业在战略变革中采取较为保守的策略，从而抑制绿色创新绩效的提升。

当经济政策变化处于 2.1 左右时，企业的战略变革水平总体保持稳定，并呈现出小幅上升趋势。在这一阶段，组织惯性可能对企业的变革灵活性产生一定制约，限制其在变化环境中的快速响应能力[236]。尽管如此，管理者逐渐意识到变化可能带来的机遇，因此在维持现有战略模式的基础上，开始积极探索新的机会[238]。这种小幅度的战略变革反映了企业逐步适应经济政策变化的动态过程，在适应过程中，企业并未完全偏离原有的战略路径[224]。相应地，企业可能在资源配置、技术研发和市场拓展等方面进行有限但关键的调整，以提升组织的灵活性和应对能力[220]。这种资源重置为绿色创新创造了新的契机[296]。企业在追求可持续发展的过程中，逐渐认识到绿色创新不仅是履行社会责任的体现，更是一种增强市场竞争力的重要战略选择[282]。因此，随着企业战略变革水平的小幅提升，绿色创新绩效也呈现出基本稳定但略有增加的趋势。

当经济政策变化水平从 2.1 上升至 2.8 时，企业的战略变革水平显著增加，呈现出大幅度上升趋势。在这一阶段，企业面临的外部环境充满挑战和不确定性，包括市场需求的剧烈波动和政策法规的频繁变更[69]，迫使企业重新审视其战略方向和市场定位，以确保在竞争激烈的环境中实现生存与发展[219]。在此背景下，企业的战略变革水平往往大幅提升，以应对不断变化的政策和市场条件[224]。管理者逐渐认识到，固守传统经营模式可能导致市场份额的流失，因此需要采取更加灵活且具有创新性的战略，以有效应对潜在的风险与机遇[233]。为适应新的环境需求，企业通常会进行大规模的资源重置，包括对人力资源、财务资源以及技术资源的重新配置[300]。这种资源的重新分配使企业能够更灵活地应对市场变化并迅速调整业务重心，特别是在绿色创新领域[220]。在这一过程中，企业可能会加大对可持续技术研发的投入，推广绿色产品，以及优化生产流程，从而提升绿色创新的能力与意愿。最终，这些变革措施和资源调整将显著提升企业的绿色创新绩效，为其在变化的环境下创造新的竞争优势。

当经济政策变化水平达到或超过 3.5 时，企业的战略变革水平继续呈现上升趋势，但增幅逐渐减小。在这一阶段，企业面临极大的外部风险与不确定性，使得决策过程的复杂性显著增加[93]。尽管企业意识到战略变革的必要性，但同时也对变革可能带来的潜在风险感到担忧[239]。这种矛盾的心理状态导致企业陷入一种难以抉择的境地，管理者在巨大压力下，既希望抓住机遇,又担心变革可能引发失败或资源浪费。这种犹豫不决显著降低了企业在资源重置和绿色转型方面的决策效率,使其难以制定出最佳的应对策略[134]。尽管管理者认识到绿色创新可能带来新的机遇与市场竞争优势,但其高风险特性同时让管理者对投资失误保持高度警惕[44]。因此,企业在探索绿色创新时倾向于采取保守的策略,更多关注短期的生存与风险控制,而不是长期的可持续发展[133]。由于对风险的高度担忧,企业在绿色创新中的实际投入与实施力度往往不足。资金和人力资源的限制进一步压制了绿色项目的研发与推广,从而导致绿色创新绩效难以取得显著提升。

5.4 结果讨论

5.4.1 时间效应结果讨论

本章探讨了随着时间的推移,经济政策变化对企业绿色创新绩效的促进作用及其动态变化趋势,特别是在绿色创新绩效达到极值后的变化特征。通过仿真分析,研究发现,经济政策变化在推动企业战略变革方面的作用会随着时间的推移逐渐减弱,并可能最终转化为阻碍作用,导致企业的绿色创新绩效趋于相对稳定的水平。这一现象的根本原因在于,经济政策变化蕴含着多种复杂信息,这些信息通过强化企业对潜在风险和发展机遇的感知来影响战略变革。然而,企业在处理和剖析这些信息方面能力有限,而且信息的价值具有时效性[239]。这意味着,在短期内,经济政策变化能够推动企业战略变革达到一定高度,但随后提升的难度会逐渐增加。此外,随着时间的推移,组织惯性的增强进一步导致企业在调整资源配置和改变战略方向时面临更高的机会成本和沉没成本,降低了企业摆脱路径依赖的可能性[133]。这种动态过程使长期的战略变革水平逐渐下降,进而导致绿色创新技术和资源的瓶颈问题逐渐显现,进一步加大了提升绩效的难度。这一结论与余义勇等(2022)的观点相一致,他们认为,企业倾向于重复既有战略模式以创造价值,从而逐渐陷入能力锁定的困境,最终抵制战略变革,影响企业的生存与发展[236]。这表明,组织惯性不仅阻碍了经济政策变化对企业战略变革的促进作用,还提高了绿色创新的沉没成本和资源瓶颈,最终导致绿色创新绩效水平趋于稳定。本章通过系统动力学仿真模型,深入探究了经济政策变化对企业绿色创新绩效的时间演化特征,突破了以往静态研究的局限性,动态揭示了经济政策变化提升企业绿色创新绩效的内在机制,从而深化了对经济政策变化动态过程的理解。

5.4.2 阈值效应结果讨论

本章揭示了随着时间的推移,经济政策变化对企业绿色创新绩效的影响存在阈值特性。当经济政策变化水平接近 2.1 左右时,企业的战略变革和绿色创新绩效在初期迅速增长,中后期趋于平稳并保持较高水平。然而,当经济政策变化水平超过 3.5 左右时,企业的战略变革和绿色创新绩效初期增长放缓,中后期平稳增长并逐渐趋于平衡。这一结果表明,当经济政策变化处于较低水平时,经济政策变化所激发的威胁感知和机会抓取无法有效克服组织惯性带来的阻碍,难以显著推动企业战略变革,从而对绿色创新绩效产生抑制作用。这一发现与陈凤等(2023)[301]的研究相一致,证实了组织惯性的增强会限制企业对外部环境变化的响应能力。当经济政策变化处于中等水平时,企业通常会主动重新评估其战略方向和市场定位,以应对外部环境中的潜在挑战和机遇。在这一背景下,企业提升战略变革水平以适应市场需求的波动和政策法规的变化。通过这些调整,企业能够实现更灵活的资源配置并增强创新能力,特别是在绿色创新领域,从而显著提升其绿色创新绩效[220]。然而,当经济政策变化处于较高水平时,企业的战略变革和绿色创新绩效的增长幅度显著减弱,加剧了管理者决策环境的复杂性,使企业在绿色创新方面采取更加谨慎的试探性策略,以避免进行深入的研发投资[134]。尽管一些企业尝试推出绿色产品或改进流程,但缺乏长期信心和资金支持限制了绿色创新的深度与广度,最终导致绿色创新绩效增长缓慢。本书不同于以往多从静态视角出发并主要依赖实证分析方法的研究,采用系统动力学模型，更全面地探讨了经济政策变化对企业绿色创新绩效的动态演化过程，拓展了对企业绿色创新绩效影响因素的研究视角。

5.5 本章小结

本章在第 2 章构建的理论框架的基础上，结合影响路径与权变效应的实证检验结果及以往相关研究文献，系统识别了经济政策变化影响企业绿色创新绩效的动态过程。立足于系统视角，本章提出了综合模型和动态机制，并构建相应的系统动力学模型进行仿真分析。研究结果表明，经济政策变化对战略变革在短期内具有积极影响，但在长期内可能转变为消极作用；同时，对企业绿色创新绩效在短期内有显著促进作用，但长期影响较为有限。此外，通过对经济政策变化取值的动态分析，研究发现，经济政策变化对企业绿色创新绩效的影响存在显著阈值效应。只有当经济政策变化达到中等水平时，企业绿色创新绩效才会随着时间的推移显著提升，并最终趋于稳定。研究结论为后续章节提出的经济政策变化下企业绿色创新绩效提升的对策建议提供了重要理论依据与实践参考。

第 6 章

经济政策变化下企业绿色创新绩效提升的对策建议

在前面的章节中,本书以"经济政策变化对企业绿色创新绩效的影响机制"为核心主题展开深入探讨,依次明确了"影响如何"和"如何影响"这两个关键问题。同时,研究将"动态影响"纳入分析框架,从时间维度进一步揭示了经济政策变化对绿色创新绩效的演化规律。基于上述研究结果,并结合我国经济政策变化的现实背景与绿色转型的迫切需求,本章从宏观制度优化、企业能力建设与资源协同、管理者行为调节三个维度,提出了优化企业战略响应机制与提升绿色创新绩效的具体对策建议,为实践提供了有价值的参考。

6.1 宏观制度优化

6.1.1 保持政策稳定性与连贯性

根据第 3 章的研究结果,经济政策变化在一定程度上对企业绿色创新绩效具有促进作用。然而,这并不意味着频繁波动和不稳定的经济政策对企业绿色创新始终是有利的。结合第 5 章的时间效应研究结果发现,随着时间的推移，经济政策变化的正向影响逐渐减弱，呈现出"先促进后失效"的动态特征。这是因为短期内，企业更倾向于关注经济政策变化所带来的发展机遇，从而主动进行战略变革以获取竞争优势。然而，从前景理论的视角来看，长期频繁变化的经济政策会使企业对绿色创新能否带来超额利润产生疑虑，逐渐削弱其进行绿色创新的意愿和动力[96]。因此，政府部门在制定和调整经济政策时，应注重适时性与适度性，并尽可能保持政策的长期连贯性和一致性，为企业绿色创新提供稳定且可预期的经营环境[90]。具体而言：

首先，政策制定应注重预见性与系统性。政策制定者在颁布新政策时，必须保持高度审慎，基于丰富的历史经验和详尽的市场调研，充分评估政策及其变动的潜在影响，以最大限度地减少频繁调整的概率[98]。为确保政策的科学性和可行性，政府应设立专门的研究机构，定期开展市场调研和政策效果评估，为政策制定提供数据支持和理论依据。同时，政策的顶层设计需要与执行体系相匹配，以避免"部门壁垒"和"立法内部化"等现象[305]。为此，建议建立跨部门协调机制，定期召开协调会议，确保部门间紧密协作和信息共享，并设立专门的协调办公室，负责沟通与协作，及时解决政策执行中的障碍。此外，政策制定者应全面权衡政策的短期和长期效应，完善预期管理，提高政策目标与实际实施效果的契合度，以确保政策的长期连贯性和一致性。这一方式能够有效避免企业因适应短期政策变化而对需要长远规划的战略决策产生抗拒，从而促进企业的长期稳定发展和创新活力。

其次，政策调整应注重精准性与针对性。政策调整的核心目标是维护经济的平稳快速发展，但由于企业所处发展阶段、行业特性和区域差异的不同，其对政策调整的反应也存在显著差异[297]。因此，在调整特定经济政策时，需要全面评估原有政策的优势与不足，并根据市场反馈与企业实际表现对具体条款进行优化。在具体操作层面，应充分考虑不同行业和区域的具体需求，制定差异化政策。例如，针对高科技行业，可通过税收优惠与资金支持来鼓励创新和市场扩展；而对于传统制造业，则应重点关注其转型升级需求，提供技术改造和环保投资支持。此外，需要建立动态政策反馈机制，通过线上平台、定期座谈会等形式，广泛收集企业与市场主体的意见，实时掌握政策实施中存在的问题与实际效果。避免采用"大水漫灌"式的普遍性政策调整，而应转向"精准滴灌"[73]，在有效解决经济问题的同时，尽量减少对市场的不利影响，避免引发市场恐慌，并确保企业对长期发展前景保持信心。在政策调整过程中，还需要充分考虑企业的承受能力，尤其是中小企业在经营压力下的脆弱性。对于可能带来较大冲击的政策调整，应设置合理的过渡期，给予企业充足的时间进行调整与适应，以避免对其生产经营造成过大的负面影响[229]。

最后，政策实施应注重透明性与有效性。一方面，政府在政策实施过程中应与企业及金融机构保持充分、及时、有效的沟通，以降低市场主体对政策实施前后的认知偏差，帮助其形成理性且明确的投资预期，从而推动企业专注于社会和经济价值的提升[87]。为此，可建立专门的政策信息发布平台，通过官方网站、社交媒体及新闻发布会等多渠道，实时传递准确且透明的政策信息。同时，可设立政策咨询热线与在线客服，为企业和市场主体解答疑问，帮助其正确理解和应对政策变化。另一方面，政府在发布政策信息时，应充分考虑企业的理解能力，通过新闻、网络等渠道以通俗易懂的形式传达政策内容，以提高政策实施效果，避免企业因信息不对称而产生不合理预期[96]。这有助于企业在绿色创新过程中形成更加理性持续的预期。此外，建立政策实施的监督和评估机制至关重要。政府应通过第三方评估机构与公众监督，确保政策执行的透明性和公正性，从而增强市场主体的信任感与政策执行力，为政策目标的有效达成提供坚实保障。

6.1.2 完善环境规制与市场激励机制

第3章的研究结果表明，从制度逻辑理论的视角来看，经济政策变化能够强化企业的风险规避动机和机会识别动机，进而促进绿色创新绩效的提升。一方面，从政府逻辑的角度分析，经济政策的变化增加了企业面临的经营风险，这促使企业通过加强绿色创新以应对政府日益严格的环境管理要求，从而获得合法性并降低经营风险[188]。换句话说，政府的政策规制在经济政策变化的背景下,为企业绿色创新绩效的提升提供了关键的制度支持。另一方面,从市场逻辑的角度出发,经济政策变化凸显了绿色产品市场在企业获取竞争优势和实现持续增长中的重要性,这驱使企业增加对绿色研发的资本投入,以提升其绿色创新绩效[179]。因此,绿色产品市场的竞争态势直接影响企业是否将绿色创新视为战略性机遇。为进一步激发企业在经济政策变化背景下的绿色创新动机,政府应加强环境规制并优化绿色市场机制,以增强政府和市场逻辑的双重驱动作用,从而为绿色创新的风险规避效应和机会激励效应提供有利的制度环境。具体而言:

首先,加强环保监督和惩罚力度,并完善环境信息披露机制。环境政策法规通过增强合法性压力,推动企业开展绿色创新,从而减轻经济政策变化对企业的负面影响,确保其长期稳定发展。加大环境监管和惩罚力度将提高企业环境污染行为被发现的风险,进而增加环保投机行为的机会成本,促使企业选择绿色创新以减轻合法性压力,避免加剧经营风险[21]。在具体操作层面,政府应加强环保执法力度,提升监管队伍建设,增加现场检查的频率和随机性,确保企业无所遁形。同时,政府可以通过设立企业绿色创新环保等级,强化环境信息披露,帮助金融市场更准确地评估企业的经营状况,进而发挥绿色创新的风险规避效应[22]。例如,建立公开的企业环保信用档案,将企业的环保表现纳入信用评价体系,从而推动企业积极履行环保责任。此外,政府还应设立环保违法举报奖励机制,激励公众和员工对企业环保违法行为进行举报,从而提高企业的违法成本并加强社会监督。

其次,通过教育和宣传,促进公众养成绿色消费行为,进而扩大绿色产品的市场空间。市场需求是企业生产、投资和研发活动的重要指引,因此,政府应通过引导公众形成绿色消费观念,激发绿色市场活力,从而直接推动企业的绿色创新[246]。一方面,政府可以通过多种渠道加强节能环保的宣传,如电视、广播、社交媒体和社区活动,广泛传播绿色消费的理念与益处,引导公众形成绿色消费观念,并逐步推动绿色生活和消费模式的转型,从而促进对绿色产品和服务的需求增长[7]。另一方面,政府应发挥示范作用,将绿色产品纳入政府采购清单,并建立完善的政府绿色采购体系,以扩大绿色产品的消费市场,进而直接激发企业进行绿色创新的积极性[32]。例如,政府可以制定绿色采购政策,各级政府部门在采购办公用品、设备及服务时,先考虑选择获得绿色认证的产品,并定期公布绿色采购清单及采购情况,从而树立绿色消费的榜样,推动社会各界积极响应。

最后,规范绿色产品市场标准,并完善知识产权保护机制。在经济政策变化的背景下,企业的绿色创新依赖于健全的行业标准和完善的产权制度。为了充分激发企业的绿色创新活动,政府应采取有效措施,营造一个公平、健康且完善的绿色创新环境,通过制定行业绿色认证标准,为消费者及其他利益相关者提供有效的鉴别依据,确保绿色产品市场的高效运作与可持续发展[25]。例如,政府可以制定统一的绿色产品标识制度,规范绿色产品认证流程,确保认证过程的透明性和公正性,从而防止虚假宣传和不正当竞争。与此同时,政府应进一步完善知识产权保护制度,为企业绿色创新成果提供充分的利益保障,创造有利的法治环境,减轻绿色创新外部性的负面影响。例如,政府加强知识产权保护法的执行力度,加大对侵权行为的打击力度,并建立快速维权机制,确保企业创新成果的合法权益。

6.1.3 优化政府补贴管理机制

第4章对权变效应的研究表明,政府补贴通过增强管理者的过度自信以及提升其环境关注度,对企业绿色创新绩效产生了不同的影响。一方面,政府补贴为企业提供了额外的资源支持[166],这使得管理者可能低估政策变化的风险性,进而做出非理性的决策,倾向于维持现状。另一方面,政府补贴的实施通常伴随着政府和社会对环境保护的高度关注,这促使管理者更加重视企业的社会责任与长期可持续发展目标[219]。因此,政府补贴既可能通过增强管理者的过度自信来抑制绿色创新,也可能通过提高环境意识来激励绿色创新。为减少政府补贴引发的非理性决策的负面影响,并有效激励管理者关注环境问题,政府应建立完善的补贴管理制度,涵盖补贴的事前、事中和事后监管。具体而言:

首先,制定补贴分配机制。鉴于绿色创新具有双重外部性且需要大量研发投入，企业往往缺乏足够的动力和能力进行绿色创新，因此，政府必须发挥调控作用，通过资金补贴提供支持[272]。然而，"一刀切"式的补贴政策以及单一的现金补贴方式可能导致资源浪费和效率低下[168]。在具体操作上，政府应根据企业的规模、发展阶段和绿色创新计划，设立动态的补贴发放体系，并采用多元化的补贴方式，如直接现金拨款、间接税收优惠、低息贷款和研发费用加计扣除等，以确保资源的有效配置[166]。例如，对于大型企业，政府可以侧重提供税收优惠和研发费用加计扣除，以激励其增加研发投入；而对于中小型企业，则应提供更多的直接资金支持和低息贷款，以帮助其克服资金短缺的困难。同时，政府应建立透明、公正的补贴申请和审核机制，通过设立公开的补贴申请平台，确保所有企业都能公平地提交申请材料[248]。此外，应成立独立的审核委员会，成员应包括政府官员、行业专家以及第三方评估机构的代表，以确保审核过程的公正性与透明性。

其次，强化补贴监管机制。为了防止骗取补贴和逆向寻租现象的发生，政府应在补贴的利用与转化过程中建立完善的管理体系，确保资金用途的透明性和有效性[274]。在企业利用补贴的阶段，政府应密切关注资金的使用情况，确保企业将专项补贴专款专用，用于清洁制造、节能环保技术等绿色创新研发活动，以避免绿色研发投入的"挤出"效应。在具体操作上，政府可以建立专门的补贴资金使用监督平台，要求企业定期提交资金使用报告，并进行现场核查。同时，政府应引入第三方审计机构，对企业资金使用情况进行独立审计，确保资金的合法合规使用。在评估政府补贴效果时，不仅要关注研发投入的规模，还应关注最终成果的转化情况[169]。通过实地考察和数据分析，评估企业新技术的实际应用情况，了解技术转化率和推广效果。此外，政府应加强补贴资金使用情况的公示和宣传，增强透明度和公众监督的力度。通过定期发布补贴资金使用报告和评估结果，让公众充分了解资金的流向与使用效果，从而防止企业通过建立政治关联进行寻租腐败，避免补贴配置的扭曲。

最后，建立补贴惩罚机制。目前，企业通过发布虚假绿色创新信息骗取政府补贴的现象仍然存在。由于监管成本和效率的限制，政府可能无法对所有企业进行全面监管[248]。因此,政府应建立适当的惩罚机制,以提高对补贴资金使用和转化过程的监督效率。在具体操作上,政府应制定严格的法律法规,对骗取补贴的企业实施严厉的惩罚措施。例如,可以规定对于骗取补贴的企业,必须追回全部补贴资金并处以高额罚款。这不仅有助于弥补政府的经济损失,还能有效对其他企业形成威慑作用[21]。同时,政府应建立企业诚信档案,将企业的补贴资金使用情况纳入诚信评价体系。通过动态监控和记录企业的诚信状况,政府可以实施分类管理,并对诚信企业提供更多政策支持和优惠措施,如优先享受政府补贴、降低税负、提供技术和资金支持等。对于失信企业,则应实施联合惩戒,限制其在金融、市场准入、公共采购等领域的权益,增加其"违约成本",以促使其提高自律意识并规范经营行为。

6.2 企业能力建设与资源协同

6.2.1 增强战略敏捷性与变革能力

根据第 3 章的研究结果,经济政策变化对企业战略变革具有显著的正向影响。在面对外部环境变化时,企业倾向于重新评估现有战略,积极调整资源配置和组织结构,以克服战略惯性和路径依赖,从而适应潜在的环境变化[193]。经济政策变化增强了企业对变化的敏感性,并提高了其注意力的集中度,推动了企业在资源和结构上的调整,为战略变革创造了有利的决策条件[73]。在战略变革过程中积累的知识和经验对于企业后续开展绿色创新实践并提升绩效至关重要[221]。因此,企业应重视提升战略变革能力,通过增强外部感知和内部沟通能力,提高战略变革的效率,从而推动绿色技术创新和绩效的提升。具体而言:

首先,培养企业的环境信息收集与筛选能力。在经济政策变化的背景下,政策、法律、市场以及顾客需求都可能发生变化,因此企业应积极拓展信息来源渠道。通过与供应商、客户和政府部门建立正式和非正式的联系，企业可以广泛收集和筛选市场及政策变化的相关信息[41]。具体而言，企业应主动参与行业协会、商会等组织的活动，定期参加政府政策宣讲会和行业论坛，以获取第一手的政策和市场信息[75]。此外，企业还应通过社交媒体、专业网站以及行业报告等途径收集信息，确保信息来源的多样性和时效性。为此，企业应设立独立的市场研究团队，专责日常的市场需求调研和政策变化跟踪。该部门应配备专业的市场分析人员和政策研究员，利用大数据分析技术系统化地整理和分析信息，从而形成对企业战略有价值的见解[302]。在获得丰富的环境变化信息后，企业应组建具备相关知识背景和丰富经验的专家团队，对信息进行筛选和评估。专家团队应定期召开会议，讨论和分析当前的政策及市场环境，识别其中的机会和威胁。

其次，营造企业内部开放的沟通与协调氛围。有效利用收集和筛选的有价值信息是企业适应和把握变化的关键，而这一过程依赖于企业内部的信息交流与共享[245]。部门之间及上下级之间的信息交流有助于提升企业的战略敏锐性。在战略变革过程中，企业将面临多种矛盾和挑战，因此，鼓励部门之间对潜在矛盾进行开放讨论，为战略变革提供宝贵的建议和解决方案。因此，企业应构建高效的内部信息平台，并建立完善的信息交流制度。在具体操作上，企业可以利用大数据系统和云计算技术，建立内部协同治理平台，提供实时的数据共享与沟通渠道，以促进跨部门协作[306]。同时，企业应建立常规化的信息交流制度，制定并实施定期的信息交流与反馈机制。例如，企业可以每周或每月举办例会，确保各部门汇报最新信息和进展，讨论当前问题和挑战，并设立专门的反馈渠道，使员工能够随时提出意见和建议，保障信息交流的双向流动。此外，企业应设立激励机制，鼓励员工提出创新建议，通过奖励制度和评优表彰等方式，激发员工的主动性与创造力。

最后，把握战略变革决策的合适时机和节奏。企业战略变革需要大量的人力和物力投入，盲目推进战略变革可能对企业的长远发展产生负面影响。因此，在制定战略变革机制时，企业应充分考虑变革的风险与成本，并合理预测潜在的收益。在具体操作上，企业应根据行业特点和发展阶段，制订一份全面的战略变革方案，方案需要涵盖变革目标、实施步骤、时间安排以及预期成果等内容。[196]。明确的计划有助于企业在变革过程中保持正确的方向，避免盲目行动。此外，企业可以引入战略咨询机构或外部专家进行定期评估与指导，确保变革决策的科学性与前瞻性。这些外部资源可以提供专业的见解和建议，帮助企业避免"近视陷阱"[168]，即只关注短期利益而忽视长期发展的风险。进一步地，企业可以构建基于数据驱动的决策支持系统，以实现对市场变化的快速响应和精准调整。该系统应整合内部与外部的数据资源，利用数据分析技术提供实时的市场情报和决策支持。企业管理层可以依据系统提供的数据和分析结果，做出更加科学和合理的战略决策。

6.2.2 完善绿色投资决策体系

根据第3章的中介路径研究和第5章的动态效应研究，企业战略变革对绿色技术创新绩效具有显著的正向影响；同时，战略变革也是间接路径，提升了经济政策变化对企业绿色创新绩效的影响。根据组织变革理论，战略变革通过重新确定和配置资源的方向与用途，帮助企业"在危机中育先机、于变局中开新局"，成为企业获得竞争优势和超额利润的驱动力[307]。因此，企业应规范变革决策机制，降低错误决策的可能性，优化战略变革的推进流程，确保企业将绿色创新决策提升到战略层面，从而把握经济政策变化中的发展机遇。具体而言：

首先，建立科学的变革决策程序，以避免在经济政策变化下做出错误的战略变革决策，从而把握发展机遇并规避破产风险[130]。在具体操作上，企业在变革前应进行充分的市场调研，收集有关市场趋势、客户需求和竞争动态等关键信息。同时，企业应借助大数据分析技术，对历史数据和当前市场数据进行深度挖掘，以预测市场变化趋势，并采用数据挖掘和统计分析方法来支持科学决策[308]。在变革过程中，企业应对战略方向进行多维度评估，涵盖财务状况、市场潜力及技术可行性等多个方面。为确保评估的全面性与科学性，企业应组建多学科的专家团队，并聘请外部专家及专业咨询公司进行评估，利用其专业知识和经验有效规避潜在风险。此外，在变革实施后,企业应设立专门的变革项目管理办公室(PMO),负责整个变革项目的监控与管理,确保变革过程的规范化与透明化。同时,企业应建立完善的反馈机制,定期收集各部门和员工的反馈意见,以便及时发现并纠正变革过程中的问题和偏差[307]。

其次,优化战略目标的推进流程。企业战略变革不仅涉及资源的重组,还需要调整组织结构,因此必须协调不同部门之间的交流与沟通,以优化生产流程并快速实现战略变革目标[301]。在具体操作上,企业应设立专门的战略变革部门,明确其职责和权限,专责协调和推进变革进程,确保各项措施的顺利实施。该部门应具备充足的资金、人力和技术支持,通过设立预算和资源分配计划,确保其高效运作[244]。同时,企业可以引入现代管理工具和技术,如ERP系统和项目管理软件,整合资源,提供实时数据和信息支持,提升变革过程中的效率和透明度。这些系统能提供任务分配、进度跟踪和资源管理功能,确保项目按计划推进。此外,企业应全面审视和评估现有的生产流程,识别瓶颈和低效环节,通过流程再造(BPR)对生产流程进行重组和优化,以提高生产效率和质量。在此过程中,企业应不断优化和改进生产流程,加快战略变革目标的落实速度,缩短变革周期,最终提升企业绩效[220]。

最后,强化战略变革中的绿色转型。在当前注重绿色可持续发展的背景下,企业的成功标准已不再仅限于利润率等经济指标,环境保护已成为衡量企业长远发展的关键因素[213]。企业应将绿色、环保和清洁理念融入产品和生产流程,充分挖掘内部绿色创新的潜力[44]。具体而言,企业应将绿色发展目标纳入整体战略规划,确保环保目标与核心业务目标的紧密结合,并制定明确的绿色发展路线图,设定短期和长期的环保目标。同时,企业可以投资引进先进的节能环保设备,以减少资源消耗和污染排放,如使用高效节能设备、环保材料和清洁能源,从而提升生产过程中的环保水平[11]。此外,企业应设立专门的绿色产品研发部门或团队,专注于开发具有环保特性的产品,并通过技术创新和设计改进获得环保认证,以增强市场认可度,提升品牌形象和市场竞争力。

6.2.3 优化政治资源整合与利用

第 4 章的权变效应研究表明,政治关联通过增强管理者的过度自信以及提升其环境注意力,对企业绿色创新绩效产生了不同的影响。一方面,政治关联为企业提供了快速获取资源的"捷径",有效缓解了绿色创新过程中风险与收益之间的匹配失衡,并提高了管理者对环境问题的关注[208]。另一方面,这种资源优势往往导致管理者对企业的能力和未来发展过于乐观,降低了对外部环境变化的敏感性,从而削弱了战略调整和绿色创新的灵活性[209]。因此,在认识到政治关联积极作用的同时,也应充分意识到其潜在的"双刃剑"效应,警惕"过度嵌入"。为了充分发挥政企良性互动的优势,避免政治关联可能带来的负面影响,企业需要在政治关联的建立、维持和利用过程中保持审慎,理性看待政治关联,有效整合政治资源。具体而言:

首先,建立适当且高质量的政治关联,增强政企的沟通与交流。作为一种替代机制,政治关联在企业绿色创新面临资源匮乏的情况下,能够通过与政府建立联系为企业提供必要的支持[201]。因此,企业应准确把握政治关联的性质,并根据所处的外部环境选择最合适的政治关联方式,以获得更多的绿色创新资源[75]。具体而言,高层级的政治关联通常涉及更广泛的行政职权和更强的资源支持,可以在资源配置和政策优惠方面为企业提供显著优势。然而,过高层级的政治关联可能导致管理注意力的分散,或者部分让渡管理自主性,从而减少对内部绿色研发的投入[208]。因此,企业在选择政治关联层级时,需要权衡其发展战略与所需支持之间的匹配程度,确保选择最合适的层级。此外,企业还应积极建立与政府之间的良好沟通机制,这不仅有助于及时掌握政策动向,精准理解环保和绿色技术支持政策的变化,还能为绿色创新争取必要的政策支持。

其次,保持对政治关联的客观态度,专注于核心竞争力的提升。尽管政治关联能够为企业带来政府合同、融资支持和政策优惠等资源,但仅依赖这些外部因素并非长久之计[209]。政治关联可能导致管理者的过度自信,从而忽视对内部能力的提升。因此,企业在利用政治关联的优势时,应保持清醒的认识,意识到这些资源仅为外部支持,无法成为长期竞争力的根基。企业应将重点放在自身核心能力的建设上,特别是在绿色创新方面,以确保在市场竞争中占据长期优势[206]。为此,企业需要制订长期的创新与研发投资计划,聚焦核心技术、可持续发展及绿色创新。通过建立健全的研发部门和培育技术创新的企业文化,企业能够提升自身竞争力,减少对政治关联的依赖。此外,企业还应聘请专业的研发管理人员或引进外部技术专家,以有效推动技术进步和产品升级。这种以核心能力为导向的发展模式,将帮助企业在不断变化的经营环境中实现稳定与可持续发展。

最后,完善企业内部资源管理体系,提高政治资源的利用效率。尽管政治关联可以帮助企业在与政府的互动中获得信息、知识和资源,但这些外部资源通常难以直接转化为企业绿色创新所需的内部能力[203]。因此,企业在利用政治关联的积极影响时,必须注重提升其政治资源的转化与吸收能力,确保外部资源能够有效融入企业的内部体系,从而支持绿色创新[159]。具体而言,企业应建立健全的内部控制体系,确保通过政治关联获得的资源能够顺利进入企业,并通过规范化的管理流程加以高效利用。第一,企业应加强内部审计和风险管理,通过系统化、持续性的监督和检查,确保资源的流动、分配和使用符合企业绿色创新的目标;第二,完善的信息披露制度对提高透明度和促进资源合理配置至关重要,企业应建立严格的信息公开机制;第三,管理层对资源的重视程度也至关重要。管理层对资源价值的正确认识将直接影响资源的合理配置及其在企业内部的有效利用。

6.3 管理者行为调节

6.3.1 健全管理者监督与激励机制

第 4 章的权变效应结果表明,管理者的过度自信在经济政策变化与绿色创新绩效的正向关系中起到了负向影响。管理者的这一心理偏差通常导致他们在投资决策中高估企业的实际能力与未来收益,从而引发投资行为的偏差。他们可能对高风险项目抱有不切实际的乐观态度,忽视绿色创新的长期价值及其潜在回报信与战略变[138]。在经济政策变化的背景下,这一现象进一步加剧了企业的经营风险,并逐渐削弱其市场竞争力。基于上述研究结论,提出以下管理建议,从管理者的监督、考核与培养等方面入手,以减少管理者心理偏差对企业战略决策及绿色创新绩效的不利影响。具体而言:

首先,完善管理者的监督机制,并设定适度的自由裁量权。管理者的心理偏差,如过度自信、校准偏差和控制幻觉,常常深植于其思维习惯中,难以完全根除[222]。因此,企业需要建立和完善监督机制,对管理者的决策进行持续监控。通过内部监督与外部审计的联合监管体系,及时发现并纠正非理性决策行为,从而降低心理偏差和认知局限带来的不利影响[280]。具体而言,企业应建立多层次的监督机制,不仅依赖单一监督渠道,而是通过内部审计部门、风控部门及外部独立审计机构的多重监管,形成全面的监督网络,确保每项决策都能在多个层面得到审查和校正。同时,企业需要合理设定自由裁量权。过度的自由裁量权为管理者的心理偏差提供了操作空间,增加了决策偏离最优解的可能性[289]。例如,企业应强化董事会内部治理,增加外部独立董事的比例,并制定严格的董事会治理规则,明确各项决策的权限与流程,以防止管理者过度集中权力。此外,提高外部独立董事的比例,确保董事会决策更加客观公正,从而减少管理者自由裁量权对企业决策的负面影响。

其次,健全管理者的考核机制,并构建多元化的激励体系。从委托代理的视角来看,过度自信加剧了管理者与股东之间的利益冲突,损害了企业的长期经营目标[291]。为了有效降低心理偏差对企业战略变革和绿色创新绩效的负面影响,需要设计多维度、多层次的考核和激励体系[208]。具体而言,企业应设计涵盖财务绩效、战略执行、创新能力和可持续发展等方面的绩效考核指标。例如,可以采用平衡计分卡模式,从财务、客户、管理流程和学习与发展等不同维度全面评估管理者的绩效。同时,为了提升管理者的归属感并激发其尽职尽责地考虑公司的长远发展,需要增强管理者与股东之间的利益一致性。通过构建收入报酬关联、持股奖励等多种激励方式,确保管理者决策的效率和质量[205]。例如,设立基于长期绩效的股票期权激励,只有在企业长期业绩达到预定目标时,管理者才能获得相应的奖励。

最后,加强管理者的培养机制,以提升经营决策的专业性。管理者的决策不仅取决于心理特征,还依赖于其知识储备和专业能力。因此,企业应强化管理者的持续学习机制,以便在经济政策变化的环境中做出最优决策,把握长期发展机遇,并占据未来的制高点[238]。具体而言,企业应建立系统化的培养计划,为高层管理者设计高级培训课程,内容应涵盖战略管理、国际业务、风险管理和创新管理等领域,以提升他们的战略思维和决策能力。同时,企业应定期开展专业技能培训,通过商业模拟游戏、案例分析等方式,提升管理者的实战决策能力,增强他们在复杂环境下的应对能力。此外,管理者自身也应保持虚心态度,不断提升自我认知和学习能力,保持开放心态,乐于接受新知识和新观念,勇于尝试新的管理方法。对每次重要决策进行反思,及时总结成功经验和失败教训,持续改进决策能力。

6.3.2 深化管理者环境战略意识

第4章的权变效应结果表明,管理者对环境问题的关注在构念层面上进一步强化了经济政策变化对绿色创新绩效的正向影响。管理者对环境议题的关注度在很大程度上决定了企业战略变革的方向,并显著影响绿色创新绩效的实现。这种关注度直接影响企业在绿色技术研发和实际应用方面的投入力度及行动效果,而这一关注度在很大程度上取决于管理者对有限注意力资源的分配与配置方式[213]。因此,必须通过提升管理者对环境问题的关注度,引导他们在战略决策过程中优先考虑绿色创新,并将其纳入企业核心发展战略,以推动企业绿色创新绩效的持续提升[282]。具体来说:

首先,应正视环境合法性压力,提升对环境问题的重视[29]。由于绿色创新活动初期需要较大的资源投入且其收益具有不确定性,企业管理者在制定战略时,往往将绿色创新的优先权置于其他盈利项目之后[197]。因此,政府在制定严格环境法律法规的同时,应确保企业管理者充分认识到违规的风险，并加强对环境问题的关注[21]。具体而言，相关部门应组织企业家研修班，邀请环保法律专家详细讲解最新的环境法律法规，以帮助企业高层全面了解合规要求，并确保他们能够及时了解政策动向，调整战略方向。相关部门还应定期举办行业峰会和论坛，邀请成功实施绿色创新的企业分享经验，探讨实际操作中的挑战与解决方案，促进企业间的绿色创新经验交流与学习，从而增强管理者对绿色产品市场的信心。此外，相关部门应通过宣传手册、企业内刊和在线平台等多种形式，广泛宣传环境法律法规和违规处罚案例，并开发和推广环境风险评估工具，以帮助企业管理者识别和评估潜在的环保风险。

其次，应重视可持续发展潜力，把握绿色创新市场机遇。在当前强调绿色可持续发展的背景下，利润率等经济指标已不再是评价企业成功的唯一标准[7]。因此，企业应充分认识到绿色创新对持续发展的重要性。尽管绿色创新可能会在短期内损害企业的利益，但它能够提升企业未来的市场竞争力，并带来超额利润[282]。因此，管理者应深刻反思环境问题，意识到绿色创新对竞争优势和未来效益的重要性，并将"绿色环保"理念融入企业的经营和产品生产中，通过自主绿色技术创新来满足市场需求和社会认同，从而把握在经济政策变化下的发展机遇[44]。具体操作如下：在企业的中长期战略中明确绿色创新目标，将其作为核心发展方向之一，确保在预算和资源配置上优先支持绿色创新项目。同时，在产品设计阶段引入环保理念，通过使用可再生材料和环保工艺，降低产品在生命周期内的环境影响，进而提升品牌价值的社会认同感和市场美誉度。进一步地，企业应设立绿色技术研发的专项基金，鼓励内部创新，并支持外部开展合作研发项目。例如，企业可以与高校及科研机构建立合作关系，携手开展绿色技术的研发工作，加速技术创新和应用。

最后，应提高对环境政策的关注，推动绿色转型发展战略。关注环境问题风险和绿色创新机遇是基础，但管理者还需高度敏感于党和国家环境治理政策及绿色发展战略（如"双碳"目标、绿色转型战略等）的变化与调整[8]。管理者应根据政策变动和企业特点，动态设计并实施绿色创新实践，以确保企业的可持续发展。同时，企业应通过定期组织环境教育培训，提高员工的绿色理念和实践能力,共同推动企业绿色创新的战略转型[244]。具体操作如下:企业应制订全面的环境保护培训计划,覆盖所有员工层级,从高层管理者到基层员工,确保全员理解绿色发展理念和政策。此外,企业应鼓励员工积极参与绿色创新项目,通过实际操作提升实践能力,并组织员工参与环保志愿者活动,增强环保意识和社会责任感[245]。将绿色创新活动的参与和成果纳入员工绩效考核体系,激励员工积极参与绿色创新。同时,设立绿色创新奖励制度,对在绿色创新活动中表现突出的员工进行奖励与表彰,进一步提升员工的参与积极性。

6.4 本章小结

本章基于第 3 章、第 4 章和第 5 章的研究结果,从宏观制度优化、企业能力建设与资源协同、管理者行为调节三个维度,提出了促进企业在经济政策变化下提升绿色创新发展的对策和建议。首先,从保持政策稳定性与连贯性、完善环境规制与市场激励机制及优化政府补贴管理机制等方面,提出了宏观制度优化的对策建议;其次,从增强战略敏捷性与变革能力、完善绿色投资决策体系及优化政治资源整合与利用等方面,提出了企业能力建设与资源协同的对策建议;最后,从健全管理者监督与激励机制、深化管理者环境战略意识等方面,提出了微观管理者行为调节的对策建议。本章为企业利用绿色创新应对经济政策变化提供了决策参考,并为企业在动态制度环境中的战略响应和绿色创新管理提供了启示。

第 7 章

结　论

本书结合制度逻辑理论、组织变革理论、资源依赖理论和高阶梯队理论，搭建了经济政策变化对企业绿色创新绩效影响的理论分析框架。研究设计遵循"静态－动态－实践"的逻辑脉络：首先，在静态分析维度，系统解析了经济政策变化影响企业绿色创新绩效的直接作用路径、以战略变革为中介的间接传导机制，以及情境调节因素的影响效应；其次，引入时间维度构建动态分析模型，揭示了经济政策变化下企业绿色创新行为的动态调整规律及其绩效反馈机制；最后，整合多维度研究发现，从宏观制度优化、企业能力建设与资源协同、管理者行为调节三个方面提出针对性建议，为完善绿色政策调控机制、推动企业绿色创新实践及经济绿色转型提供理论支撑与实践参考。本书的主要结论可以归纳为以下三个方面：

（1）揭示了经济政策变化对企业绿色创新绩效提升的作用机制，并识别了战略变革作为核心中介变量在此过程中的传导路径。研究结果表明，经济政策变化促进了企业绿色创新绩效的提升，通过激发企业在政府逻辑与市场逻辑驱动下的风险规避与利润追求动机，从而增强了企业绿色创新意愿，进而推动了绿色创新绩效的提高。研究还发现，经济政策变化的动态性与模糊性增强了企业的动态能力，并促进管理者识别并包容潜在的矛盾关系，通过提升战略变革水平间接影响企业绿色创新绩效。

（2）揭示了经济政策变化与企业绿色创新绩效之间关系的权变效应，分析了管理者过度自信、管理者环境注意力、政府补贴和政治关联的调节效应。研究结果显示，管理者的过度自信会对经济政策变化与企业绿色创新绩效之间的关系产生负向调节作用，而管理者环境注意力则能够正向调节两者之间的关系。研究还发现，政府补贴能够增强管理者过度自信的负向调节效应和管理者环境注意力的正向调节效应，政治关联能够增强管理者过度自信的负向调节效应和管理者环境注意力的正向调节效应。

（3）发现了经济政策变化对企业绿色创新绩效影响的时间效应，并识别了不同时域下两者之间的演化趋势及阈值规律。研究结果表明，经济政策变化对战略变革在短期内具有积极影响，但在长期内则产生消极效应；对企业绿色创新绩效的影响在短期内同样是积极的，但长期影响则不显著。经济政策变化只有在达到中等水平及以上时，才会对企业绿色创新绩效产生显著的正向影响。随着经济政策变化的增强，绿色创新绩效的阈值逐渐下降，且其变化速度呈现由快到慢的趋势。

本书的主要创新点包括以下三个方面：

（1）揭示了战略变革对经济政策变化影响企业绿色创新绩效的中介传导机制，构建了经济政策变化影响企业绿色创新绩效的路径模型，剖析了直接效应和战略变革的中介效应，为深入理解经济政策变化与企业绿色创新绩效之间的关系提供了微观层面的理论依据。

（2）揭示了经济政策变化对企业绿色创新绩效发挥作用的情境条件，并构建了权变分析框架，剖析了管理者过度自信、管理者环境注意力、政府补贴和政治关联的直接和联合调节效应，拓展了管理者认知特征和制度性资源要素发挥效应的理论情境。

（3）揭示了经济政策变化影响企业绿色创新绩效的动态规律，构建了经济政策变化对企业绿色创新绩效影响的系统动力学模型，剖析了经济政策变化对企业绿色创新绩效影响的时变和非线性效应，克服了变量之间单因果性导致的研究局限。

本书的研究取得了一定的阶段性成果，但仍存在一些不足之处，未来的研究可进一步深入探索相关问题。第一，研究方法应用的局限性。本书结合现状与理论分析，构建了静态验证模型和动态仿真模型，但缺乏相关案例的支持。因此，未来的研究可以结合案例分析法或扎根理论，对具有代表性的案例进行深入分析。通过引入多种研究方法，来进一步完善和深化。第二，研究样本范围的局限性。本书选取了上市公司财务与治理数据，尽管这些公开数据在现有研究中得到广泛应用，但排除了未上市企业，尤其是中小型企业，这可能影响研究结论的普适性。因此，未来研究应考虑涵盖中小型企业的样本，以提高结论的全面性和广泛适用性。第三，研究指标衡量的局限性。本书通过绿色专利申请总数来衡量企业的绿色创新绩效。然而，该指标未能全面反映企业绿色创新能力和创新效率。因此，未来的研究需要进一步完善现有的衡量指标，并尝试从绿色专利的知识宽度、绿色创新投入产出比等不同维度来衡量企业的绿色创新绩效，从而更全面地评估经济政策变化对企业绿色创新绩效的影响。

参考文献

[1] 人民网. 统筹高质量发展和高水平安全 [EB/OL]. (2024-01-09) [2024-11-15]. http://theory.people.com.cn/n1/2024/0109/c40531-40155305.html.

[2] 人民网. 习近平：中国提高国家自主贡献力度，将说到做到 [EB/OL]. (2020-11-17) [2024-11-15]. http://politics.people.com.cn/n1/2020/1117/c1024-31934472.html.

[3] 陈彦斌, 陈伟泽. 潜在增速缺口与宏观政策目标重构——兼以中国实践评西方主流宏观理论的缺陷 [J]. 经济研究, 2021, 56 (03): 14-31.

[4] 陈小亮, 刘玲君, 陈彦斌. 创新和完善宏观调控的整体逻辑：宏观政策"二策合一"的视角 [J]. 改革, 2022, (03): 10-23.

[5] Baker S R, Bloom N, Davis S J. Measuring Economic Policy Uncertainty [J]. Quarterly Journal of Economics, 2016, 131 (4): 1593-1636.

[6] 高瑜, 李响, 李俊青. 金融科技与技术创新路径——基于绿色转型的视角 [J]. 中国工业经济, 2024, (02): 80-98.

[7] 陈运平, 刘燕. 媒体关注对重污染企业绿色技术创新的影响机制——基于政府环境规制与公众参与的中介效应 [J]. 管理评论, 2023, 35 (06): 111-122.

[8] 解学梅, 韩宇航. 本土制造业企业如何在绿色创新中实现"华丽转型"?——基于注意力基础观的多案例研究 [J]. 管理世界, 2022, 38 (03): 76-106.

[9] 阳镇, 凌鸿程, 陈劲. 经济政策不确定性、企业社会责任与企业技术创新 [J]. 科学学研究, 2021, 39 (03): 544-555.

[10] He F, Ma Y, Zhang X. How does economic policy uncertainty affect corporate Innovation? —Evidence from China listed companies [J]. International Review of Economics & Finance, 2020, 67: 225 – 239.

[11] 孙冰, 丛桂宇, 田胜男. 环境规制对企业绿色创新的影响机理研究——战略柔性与区域差异性的双调节作用 [J]. 科技进步与对策, 2022, 39 (09): 94 – 102.

[12] Dimaggio P J, Powell W W. The iron cage revisited: Institutional isomorphism and collective rationality in organizational fields [J]. American sociological review, 1983, 48 (2): 147 – 160.

[13] 邬彩霞. 中国低碳经济发展的协同效应研究 [J]. 管理世界, 2021, 37 (08): 105 – 117.

[14] 范如国, 樊唯. 市场多层驱动下企业风险偏好异质性对绿色技术创新决策的影响 [J]. 运筹与管理, 2023, 32 (12): 57 – 63.

[15] 解学梅, 朱琪玮. 企业绿色创新实践如何破解"和谐共生"难题? [J]. 管理世界, 2021, 37 (01): 128 – 149 + 129.

[16] Berrone P, Fosfuri A, Gelabert L, Gomez – Mejia L R. Necessity as the mother of "green" inventions: Institutional pressures and environmental innovations [J]. Strategic Management Journal, 2013, 34 (8): 891 – 909.

[17] 李青原, 肖泽华. 异质性环境规制工具与企业绿色创新激励——来自上市企业绿色专利的证据 [J]. 经济研究, 2020, 55 (09): 192 – 208.

[18] Zhao W, Feng T, Xin X, Hao G. How to respond to competitors' green success for improving performance: The moderating role of organizational ambidexterity [J]. Business Strategy and the Environment, 2021, 30 (1): 489 – 506.

[19] Singh S K, Del Giudice M, Chiappetta Jabbour C J, Latan H, Sohal A S. Stakeholder pressure, green innovation, and performance in small and medium – sized enterprises: The role of green dynamic capabilities [J]. Business Strategy and the Environment, 2022, 31 (1): 500 – 514.

[20] Kesidou E, Wu L. Stringency of environmental regulation and eco – innovation: Evidence from the eleventh Five – Year Plan and green patents [J]. Eco-

nomics Letters, 2020, 190: 1 - 18.

[21] Chen X, Zhan M. Does environmental administrative penalty promote the quantity and quality of green technology innovation in China? Analysis based on the peer effect [J]. Frontiers in Environmental Science, 2022, 10: 1 - 20.

[22] Irfan M, Razzaq A, Sharif A, Yang X. Influence mechanism between green finance and green innovation: Exploring regional policy intervention effects in China [J]. Technological Forecasting and Social Change, 2022, 182: 1 - 12.

[23] Stucki T, Woerter M, Arvanitis S, Peneder M, Rammer C. How different policy instruments affect green product innovation: A differentiated perspective [J]. Energy Policy, 2018, 114: 245 - 261.

[24] 潘翻番, 徐建华, 薛澜. 自愿型环境规制: 研究进展及未来展望 [J]. 中国人口·资源与环境, 2020, 30 (01): 74 - 82.

[25] 任胜钢, 项秋莲, 何朵军. 自愿型环境规制会促进企业绿色创新吗? ——以ISO14001标准为例 [J]. 研究与发展管理, 2018, 30 (06): 1 - 11.

[26] Fernando Y, Wah W X. The impact of eco - innovation drivers on environmental performance: Empirical results from the green technology sector in Malaysia [J]. Sustainable Production and Consumption, 2017, 12: 27 - 43.

[27] Li S, Jayaraman V, Paulraj A, Shang K - C. Proactive environmental strategies and performance: role of green supply chain processes and green product design in the Chinese high - tech industry [J]. International Journal of Production Research, 2016, 54 (7): 2136 - 2151.

[28] Sarkar A N. Promoting eco - innovations to leverage sustainable development of eco - industry and green growth [J]. European Journal of Sustainable Development, 2013, 2 (1): 171 - 179.

[29] 徐建中, 贯君, 林艳. 制度压力、高管环保意识与企业绿色创新实践——基于新制度主义理论和高阶理论视角 [J]. 管理评论, 2017, 29 (09): 72 - 83.

[30] Gu J. Peer influence, market power, and enterprises' green innovation: Evidence from Chinese listed firms [J]. Corporate Social Responsibility and Envi-

ronmental Management, 2024, 31 (1): 108 - 121.

[31] 李勃, 和征, 李随成. 供应商参与绿色产品创新中的权力组合策略研究——基于资源动员视角 [J]. 研究与发展管理, 2020, 32 (04): 84 - 96.

[32] Cheng C C J. Sustainability Orientation, Green Supplier Involvement, and Green Innovation Performance: Evidence from Diversifying Green Entrants [J]. Journal of Business Ethics, 2020, 161 (2): 393 - 414.

[33] Chen Z, Jin J, Li M. Does media coverage influence firm green innovation? The moderating role of regional environment [J]. Technology in Society, 2022, 70: 1 - 10.

[34] Barney J, Wright M, Ketchen D J. The resource - based view of the firm: Ten years after 1991 [J]. Journal of Management, 2001, 27 (6): 625 - 641.

[35] Buysse K, Verbeke A. Proactive environmental strategies: A stakeholder management perspective [J]. Strategic Management Journal, 2003, 24 (5): 453 - 470.

[36] Horbach J, Rammer C, Rennings K. Determinants of eco - innovations by type of environmental impact - The role of regulatory push/pull, technology push and market pull [J]. Ecological Economics, 2012, 78: 112 - 122.

[37] 曹翠珍, 冯娇龙. 冗余资源对绿色创新模式选择的影响: 环境规制的整合视角 [J]. 管理评论, 2022, 34 (05): 124 - 135.

[38] 于飞, 袁胜军, 胡泽民. 知识基础、知识距离对企业绿色创新影响研究 [J]. 科研管理, 2021, 42 (01): 100 - 112.

[39] Duan Y, Liu H, Yang M, Chin T, Peng L, Russo G, Dezi L. The moderating effect of corporate environmental responsibility on relational capital and green innovation: evidence from a knowledge - driven context [J]. Journal of Intellectual Capital, 2023, 24 (4): 1002 - 1024.

[40] Awan U, Arnold M G, Golgeci I. Enhancing green product and process innovation: Towards an integrative framework of knowledge acquisition and environmental investment [J]. Business Strategy and the Environment, 2021, 30 (2): 1283 - 1295.

[41] 吴群,胡勇浩,李梦晓. 数字化能力对制造企业绿色创新的影响——关系强度与知识耦合的链式中介作用 [J]. 科技进步与对策, 2024, 41 (17): 87-96.

[42] Sharma S. Managerial interpretations and organizational context as predictors of corporate choice of environmental strategy [J]. Academy of Management Journal, 2000, 43 (4): 681-697.

[43] Dhir A, Khan S J, Islam N, Ractham P, Meenakshi N. Drivers of sustainable business model innovations. An upper echelon theory perspective [J]. Technological Forecasting and Social Change, 2023, 191: 1-16.

[44] 和苏超,黄旭,陈青. 管理者环境认知能够提升企业绩效吗——前瞻型环境战略的中介作用与商业环境不确定性的调节作用 [J]. 南开管理评论, 2016, 19 (06): 49-57.

[45] Tang M, Walsh G, Lerner D, Fitza M A, Li Q. Green Innovation, Managerial Concern and Firm Performance: An Empirical Study [J]. Business Strategy and the Environment, 2018, 27 (1): 39-51.

[46] Quan X, Ke Y, Qian Y, Zhang Y. CEO Foreign Experience and Green Innovation: Evidence from China [J]. Journal of Business Ethics, 2023, 182 (2): 535-557.

[47] Arena C, Michelon G, Trojanowski G. Big Egos Can Be Green: A Study of CEO Hubris and Environmental Innovation [J]. British Journal of Management, 2018, 29 (2): 316-336.

[48] 权小锋,醋卫华,尹洪英. 高管从军经历、管理风格与公司创新 [J]. 南开管理评论, 2019, 22 (06): 140-151.

[49] Leyva-De La Hiz D I, Bolivar-Ramo M T. The inverted U relationship between green innovative activities and firms' market-based performance: The impact of firm age [J]. Technovation, 2022, 110: 1-10.

[50] 马骏,朱斌,何轩. 家族企业何以成为更积极的绿色创新推动者?——基于社会情感财富和制度合法性的解释 [J]. 管理科学学报, 2020, 23 (09): 31-60.

［51］Basu S, Bundick B. Uncertainty Shocks in a Model of Effective Demand ［J］. Econometrica, 2017, 85（3）：937 - 958.

［52］Gholipour H F. The effects of economic policy and political uncertainties on economic activities ［J］. Research in International Business and Finance, 2019, 48：210 - 218.

［53］Bouteska A, Sharif T, Hajek P, Abedin M Z. Aversion and ambiguity：On the robustness of the macroeconomic uncertainty measure framework ［J］. Technological Forecasting and Social Change, 2024, 203：1 - 16.

［54］许志伟, 王文甫. 经济政策不确定性对宏观经济的影响——基于实证与理论的动态分析 ［J］. 经济学（季刊）, 2019, 18（01）：23 - 50.

［55］Caggiano G, Castelnuovo E, Figueres J M. Economic policy uncertainty and unemployment in the United States：A nonlinear approach ［J］. Economics Letters, 2017, 151：31 - 34.

［56］胡成春, 陈迅. 经济政策不确定性、宏观经济与资产价格波动——基于 TVAR 模型及溢出指数的实证分析 ［J］. 中国管理科学, 2020, 28（11）：61 - 70.

［57］司颖华, 段雪莲. 经济政策不确定性对宏观经济的影响 ［J］. 统计学报, 2023, 4（03）：45 - 56.

［58］Liao G, Hou P, Shen X, Albitar K. The impact of economic policy uncertainty on stock returns：The role of corporate environmental responsibility engagement ［J］. International Journal of Finance & Economics, 2021, 26（3）：4386 - 4392.

［59］Nusair S A, Al - Khasawneh J A. Changes in oil price and economic policy uncertainty and the G7 stock returns：evidence from asymmetric quantile regression analysis ［J］. Economic Change and Restructuring, 2023, 56（3）：1849 - 1893.

［60］Zeng Q, Lu X, Dong D, Li P. Category - specific EPU indices, macroeconomic variables and stock market return predictability ［J］. International Review of Financial Analysis, 2022, 84：1 - 10.

［61］吴鑫育, 朱志田, 马超群. 经济政策不确定性与中国股市波动率——

基于已实现 SV – MIDAS 模型的实证研究 [J]. 中国管理科学, 1 – 17.

[62] Wang L, Wang Q K, Jiang F. Booster or stabilizer? Economic policy uncertainty: New firm – specific measurement and impacts on stock price crash risk [J]. Finance Research Letters, 2023, 51: 1 – 10.

[63] Pham L, Nguyen C P. How do stock, oil, and economic policy uncertainty influence the green bond market? [J]. Finance Research Letters, 2022, 45: 1 – 10.

[64] Xi Z L, Wang H, Sun Q R, Ma R X. Uncovering the asymmetric impacts of economic policy uncertainty on green financial markets in China [J]. Environmental Science and Pollution Research, 2023, 30 (60): 126214 – 126226.

[65] Ogbuabor J E, Ukwueze E R, Mba I C, Ojonta O I, Orji A. The asymmetric impact of economic policy uncertainty on global retail energy markets: Are the markets responding to the fear of the unknown? [J]. Applied Energy, 2023, 334 – 357.

[66] Liu X Q, Wojewodzki M, Cai Y F, Sharma S. The dynamic relationships between carbon prices and policy uncertainties [J]. Technological Forecasting and Social Change, 2023, 188: 1 – 11.

[67] Li X, Li Z, Su C – W, Umar M, Shao X. Exploring the asymmetric impact of economic policy uncertainty on China's carbon emissions trading market price: Do different types of uncertainty matter? [J]. Technological Forecasting and Social Change, 2022, 178: 1 – 12.

[68] 李凤羽, 史永东. 经济政策不确定性与企业现金持有策略——基于中国经济政策不确定指数的实证研究 [J]. 管理科学学报, 2016, 19 (06): 157 – 170.

[69] Floros C, Galariotis E, Gkillas K, Magerakis E, Zopounidis C. Time – varying firm cash holding and economic policy uncertainty nexus: a quantile regression approach [J]. Annals of Operations Research, 2024, 341 (2 – 3): 859 – 895.

[70] Javadi S, Mollagholamali M, Nejadmalayeri A, Al – Thaqeb S. Corporatecash holdings, agency problems, and economic policy uncertainty [J]. Interna-

tional Review of Financial Analysis, 2021, 77: 1 - 19.

[71] 宫汝凯, 徐悦星, 王大中. 经济政策不确定性与企业杠杆率 [J]. 金融研究, 2019, (10): 59 - 78.

[72] Tabash M I, Farooq U, Ashfaq K, Tiwari A K. Economic policy uncertainty and financing structure: A new panel data evidence from selected Asian economies [J]. Research in International Business and Finance, 2022, 60: 1 - 15.

[73] 万赫, 钟熙, 彭秋萍. 以变应万变? 经济政策不确定性对企业战略变革的影响探析 [J]. 管理工程学报, 2021, 35 (05): 52 - 63.

[74] Mirza S S, Ahsan T. Corporates' strategic responses to economic policy uncertainty in China [J]. Business Strategy and the Environment, 2020, 29 (2): 375 - 389.

[75] Choi S - J, Liu H, Yin J, Qi Y, Lee J Y. The effect of political turnover on firms' strategic change in the emerging economies: The moderating role of political connections and financial resources [J]. Journal of Business Research, 2021, 137: 255 - 266.

[76] Ilyas M, Mian R U, Suleman M T. Economic policy uncertainty and firm propensity to invest in corporate social responsibility [J]. Management Decision, 2022, 60 (12): 3232 - 3254.

[77] Gull A A, Ahsan T, Qureshi M A, Mushtaq R. Striving to safeguard shareholders or maintain sustainability in periods of high uncertainty: A multi - country evidence [J]. Technological Forecasting and Social Change, 2023, 188: 1 - 14.

[78] Jun X, Huang W, Guo Y, Cao Y, Lu M. Why does economic policy uncertainty increase firm - level pollutant emission? [J]. Economic Modelling, 2023, 129: 1 - 11.

[79] Harjoto M A, Wang Y. Economic policy uncertainty and environmental, social and governance (ESG) disclosure: the moderating effects of board network centrality and political connections [J]. Corporate Governance - the International Journal of Business in Society, 2024, 24 (7): 1547 - 1576.

[80] Gao L, He H, Wang S. The impact of economic policy uncertainty on corporate environmental information disclosure: the moderating role of media attention and financing constraints [J]. Journal of Environmental Planning and Management, 2024: 1 – 27.

[81] Wen F, Li C, Sha H, Shao L. How does economic policy uncertainty affect corporate risk – taking? Evidence from China [J]. Finance Research Letters, 2021, 41: 1 – 6.

[82] Im H J, Liu J, Park Y J. Policy uncertainty and peer effects: Evidence from corporate investment in China [J]. International Review of Financial Analysis, 2021, 77: 1 – 19.

[83] Athira A, Ramesh V K. Economic policy uncertainty and tax avoidance: International evidence [J]. Emerging Markets Review, 2024, 60: 1 – 25.

[84] Hou X, Wang T, Ma C. Economic policy uncertainty and corporate fraud [J]. Economic Analysis and Policy, 2021, 71: 97 – 110.

[85] 黄虹, 卢佳豪, 黄静. 经济政策不确定性对企业投资的影响——基于投资者情绪的中介效应 [J]. 中国软科学, 2021, (04): 120 – 128.

[86] 徐光伟, 孙铮, 刘星. 经济政策不确定性对企业投资结构偏向的影响——基于中国EPU指数的经验证据 [J]. 管理评论, 2020, 32 (01): 246 – 261.

[87] Guedhami O, Mansi S, Reeb D, Yasuda Y. Economic policy uncertainty and allocative distortions [J]. Journal of Financial Stability, 2021, 56: 1 – 6.

[88] Zhao Y, Su K. Economic policy uncertainty and corporate financialization: Evidence from China [J]. International Review of Financial Analysis, 2022, 82: 1 – 14.

[89] Hamza T, Barka Z, Verdie J – F, Al Sayah M. Economic policy uncertainty and SMEs' investment efficiency in France: does competitive pressure matter? [J]. European Business Review, 2024, 36 (4): 449 – 467.

[90] 张峰, 刘曦苑, 武立东, 殷西乐. 产品创新还是服务转型: 经济政策不确定性与制造业创新选择 [J]. 中国工业经济, 2019, (07): 101 – 118.

[91] Khan M A, Qin X, Jebran K, Ullah I. Uncertainty and R&D investment: Does product market competition matter? [J]. Research in International Business and Finance, 2020, 52 – 66.

[92] Sendstad L H, Chronopoulos M. Sequential investment in renewable energy technologies under policy uncertainty [J]. Energy Policy, 2020, 137: 111 – 152.

[93] Lou Z, Chen S, Yin W, Zhang C, Yu X. Economic policy uncertainty and firm innovation: Evidence from a risk – taking perspective [J]. International Review of Economics & Finance, 2022, 77: 78 – 96.

[94] Nguyen P T, Nguyen L T M. A multi – country analysis of policy uncertainty and Blockchain Innovation [J]. Journal of Innovation & Knowledge, 2023, 8 (3): 1 – 9.

[95] Mirza S S, Ahsan T, Al – Gamrh B, Majeed M A, Muhammad F. The impact of economic policy uncertainty on corporate innovation in China: the role of family ownership and political connections [J]. Applied Economics, 2024, 56 (59): 8586 – 8605.

[96] Liang C, Lee P K C, Zhu M, Yeung A C L, Cheng T C E, Zhou H. The bright side of being uncertain: the impact of economic policy uncertainty on corporate innovation [J]. International Journal of Operations & Production Management, 2024, 44 (11): 1918 – 1945.

[97] Xu Z. Economic policy uncertainty, cost of capital, and corporate innovation [J]. Journal of Banking & Finance, 2020, 111: 1 – 15.

[98] 李虹, 赵青雯. 经济政策不确定性与环境成本粘性——基于管理层能力与企业生命周期异质性视角 [J]. 南京财经大学学报, 2020, (03): 42 – 53.

[99] Zhou H, Zhang X, Ruan R. Firm's perception of economic policy uncertainty and corporate innovation efficiency [J]. Journal of Innovation & Knowledge, 2023, 8 (3): 1 – 12.

[100] Bloom N. Uncertainty and the dynamics of R&D [J]. American Economic Review, 2007, 97 (2): 250 – 255.

[101] Zhou X, Dai M, Ma X, Charles V, Shahzad U, Zhao X. Economic

policy uncertainty and the inhibitory effect of firms' green technology innovation [J]. Global Finance Journal, 2024, 60: 1 – 18.

[102] Xu Y, Yang Z. Economic policy uncertainty and green innovation based on the viewpoint of resource endowment [J]. Technology Analysis & Strategic Management, 2023, 35 (7): 785 – 798.

[103] Zhang S, Wu Z, Dou W, Hao Y. How does economic policy uncertainty affect corporate green innovation? Evidence from China [J]. Journal of Environmental Planning and Management, 2023: 1 – 27.

[104] 成琼文, 陆思宇. 经济政策不确定性、环境管制与绿色创新 [J]. 华东经济管理, 2022, 36 (11): 44 – 53.

[105] Hou D, Chan K C, Dong M, Yao Q. The impact of economic policy uncertainty on a firm's green behavior: Evidence from China [J]. Research in International Business and Finance, 2022, 59: 1 – 15.

[106] Cui X, Wang C, Sensoy A, Liao J, Xie X. Economic policy uncertainty and green innovation: Evidence from China [J]. Economic Modelling, 2023, 118: 1 – 17.

[107] 钱悦, 温雅, 孙亚程. 乌卡环境下如何提升组织韧性——基于组织学习的视角 [J]. 南开管理评论, 2024, 27 (02): 38 – 52.

[108] 陈伟宏, 钟熙, 蓝海林, 徐朗. 动态环境下双重期望落差一致性对战略变革的影响研究 [J]. 管理评论, 2022, 34 (04): 238 – 250.

[109] 纪炀, 周二华, 蒋国银. 媒体报道、战略惯性与企业绩效——基于中国上市公司的经验证据 [J]. 管理评论, 2020, 32 (06): 266 – 279.

[110] Haarhaus T, Liening A. Building dynamic capabilities to cope with environmental uncertainty: The role of strategic foresight [J]. Technological Forecasting and Social Change, 2020, 155: 1 – 15.

[111] Peter J. The sustainability cycle: a new tool for product development and design [J]. The Journal of Sustainable Product Design, 1997: 52 – 57.

[112] Schiederig T, Tietze F, Herstatt C. Green innovation in technology and innovation management – an exploratory literature review [J]. R & D Management,

2012, 42 (2): 180 – 192.

[113] Zhang D, Rong Z, Ji Q. Green innovation and firm performance: Evidence from listed companies in China [J]. Resources Conservation and Recycling, 2019, 144: 48 – 55.

[114] 徐建中, 李奉书, 李丽, 侯建. 企业外部关系质量对低碳技术创新的影响: 基于知识视角的研究 [J]. 中国软科学, 2017, (02): 183 – 192.

[115] Oltra V, Jean M S. Sectoral systems of environmental innovation: An application to the French automotive industry [J]. Technological Forecasting and Social Change, 2009, 76 (4): 567 – 583.

[116] Clark T, Charter M. Sustainable innovation: Key conclusions from sustainable innovation conferences 2003 – 2006 organised by the centre for sustainable design [J]. 2007: 1 – 17.

[117] Tello S F, Yoon E. Examining drivers of sustainable innovation [J]. International Journal of Business Strategy, 2008, 8 (3): 164 – 169.

[118] Ocde. Eco – Innovation in Industry: Enabling Green Growth [M]. Éditions OCDE; OECD Publishing, 2009.

[119] Horbach J, Oltra V, Belin J. Determinants and Specificities of Eco – Innovations Compared to Other Innovations – An Econometric Analysis for the French and German Industry Based on the Community Innovation Survey [J]. Industry and Innovation, 2013, 20 (6): 523 – 543.

[120] Li D, Zheng M, Cao C, Chen X, Ren S, Huang M. The impact of legitimacy pressure and corporate profitability on green innovation: Evidence from China top 100 [J]. Journal of Cleaner Production, 2017, 141: 41 – 49.

[121] Chen X, Yi N, Zhang L, Li D. Does institutional pressure foster corporate green innovation? Evidence from China's top 100 companies [J]. Journal of Cleaner Production, 2018, 188: 304 – 311.

[122] Ma Y, Hou G, Yin Q, Xin B, Pan Y. The sources of green management innovation: Does internal efficiency demand pull or external knowledge supply push? [J]. Journal of Cleaner Production, 2018, 202: 582 – 590.

[123] Gunawan T, Jacob J, Duysters G. Network ties and entrepreneurial orientation: Innovative performance of SMEs in a developing country [J]. International Entrepreneurship and Management Journal, 2016, 12 (2): 575-599.

[124] Li M-S, Li J, Li J-M, Liu Z-W, Deng X-T. The Impact of Team Learning Climate on Innovation Performance – Mediating role of knowledge integration capability [J]. Frontiers in Psychology, 2023, 13: 1-15.

[125] Ghasemaghaei M, Calic G. Assessing the impact of big data on firm innovation performance: Big data is not always better data [J]. Journal of Business Research, 2020, 108: 147-162.

[126] 姜滨滨, 匡海波. 基于"效率-产出"的企业创新绩效评价——文献评述与概念框架 [J]. 科研管理, 2015, 36 (03): 71-78.

[127] 朱雪忠, 胡成. 专利是测度企业技术创新绩效的有效工具吗？ [J]. 科学学研究, 2021, 39 (08): 1498-1503.

[128] 冯熹宇, 王菌丽, 徐娜. 绿色创新网络嵌入、资源获取与企业绿色创新质量 [J]. 中国软科学, 2023, (11): 175-188.

[129] Kirtley J, O'mahony S. What is a pivot? Explaining when and how entrepreneurial firms decide to make strategic change and pivot [J]. Strategic Management Journal, 2023, 44 (1): 197-230.

[130] 傅皓天, 于斌, 王凯. 环境不确定性、冗余资源与公司战略变革 [J]. 科学学与科学技术管理, 2018, 39 (03): 92-105.

[131] 刘俊英. 组织学习、战略变革与组织绩效关系的实证分析 [J]. 经济问题探索, 2010, (10): 53-59.

[132] Yi Y, Li Y, Hitt M A, Liu Y, Wei Z. The influence of resource bundling on the speed of strategic change: Moderating effects of relational capital [J]. Asia Pacific Journal of Management, 2016, 33 (2): 435-467.

[133] 邓新明, 刘禹, 龙贤义, 林晓真, 杨赛凡, Khishigdelger M. 管理者认知视角的环境动态性与组织战略变革关系研究 [J]. 南开管理评论, 2021, 24 (01): 62-73, 88-90.

[134] 邱国栋, 郭蓉娜. 企业克服"两种陷阱"的后卢因式战略变革——

基于"抛弃政策"与二元视角的研究 [J]. 中国工业经济, 2019, (05): 174-192.

[135] Carpenter M A. The price of change: The role of CEO compensation in strategic variation and deviation from industry strategy norms [J]. Journal of Management, 2000, 26 (6): 1179-1198.

[136] Oehmichen J, Schrapp S, Wolff M. Who needs experts most? Board industry expertise and strategic change – a contingency perspective [J]. Strategic Management Journal, 2017, 38 (3): 645-656.

[137] 冯海龙, 杜芳芳, 刘俊英, 韵江. 基于中国新情境的高端化战略变革理论研究 [J]. 管理学报, 2022, 19 (12): 1766-1775.

[138] 韵江, 宁鑫, 暴莹. CEO过度自信与战略变革——基于"韧性效应"和"创造效应"的研究 [J]. 南开管理评论, 2022, 25 (05): 180-190, 214, 191-192.

[139] Knight F H. Risk, uncertainty and profit [M]. 1916.

[140] Knight F H. Risk, uncertainty and profit [J]. Hart, Schaffner and Marx, 1921, 4: 682-690.

[141] Black D. On the principle of collective decision making [J]. Journal of Political Economy, 1948 (2): 83-92.

[142] Yestrepsky J M, Julian S D, Tekleab A G, Quinn – Grzebyk T. Interactions during strategic issue diagnosis: How uncertainty, threat, and opportunity impact response [J]. Journal of Business Research, 2023, 164: 1-17.

[143] Bloom N. The Impact of Uncertainty Shocks [J]. Econometrica, 2009, 77 (3): 623-685.

[144] 宁吉喆. 中国式现代化的方向路径和重点任务 [J]. 管理世界, 2023, 39 (03): 1-19.

[145] 饶品贵, 岳衡, 姜国华. 经济政策不确定性与企业投资行为研究 [J]. 世界经济, 2017, 40 (02): 27-51.

[146] Gulen H, Ion M. Policy Uncertainty and Corporate Investment [J]. Review of Financial Studies, 2016, 29 (3): 523-564.

[147] Schwartz G, Clements B. Government subsidies [J]. Journal of Economic Surveys, 1999, 13 (2): 119-148.

[148] Wu J F, Cheng M L. The impact of managerial political connections and quality on government subsidies Evidence from Chinese listed firms [J]. Chinese Management Studies, 2011, 5 (2): 207-226.

[149] 靳光辉, 王雷, 马宁. 政府补贴对企业研发投资的影响机制研究: 高管创新努力视角 [J]. 科研管理, 2023, 44 (04): 47-55.

[150] 周燕, 潘遥. 财政补贴与税收减免——交易费用视角下的新能源汽车产业政策分析 [J]. 管理世界, 2019, 35 (10): 133-149.

[151] 柳光强. 税收优惠、财政补贴政策的激励效应分析——基于信息不对称理论视角的实证研究 [J]. 管理世界, 2016, (10): 62-71.

[152] Xia L, Gao S, Wei J, Ding Q. Government subsidy and corporate green innovation – Does board governance play a role? [J]. Energy Policy, 2022, 161: 1-17.

[153] Shao K, Wang X. Do government subsidies promote enterprise innovation? —Evidence from Chinese listed companies [J]. Journal of Innovation & Knowledge, 2023, 8 (4): 1-12.

[154] 田春晓. 关于我国"政府补助"会计准则的思考与完善 [J]. 中国管理信息化, 2008, (12): 27-29.

[155] Fisman R. Estimating the value of political connections [J]. American Economic Review, 2001, 91 (4): 1095-1102.

[156] Faccio M, Masulis R W, Mcconnell J J. Political connections and corporate bailouts [J]. Journal of Finance, 2006, 61 (6): 2597-2635.

[157] Fan J P H, Wong T J, Zhang T. Politically connected CEOs, corporate governance, and Post – IPO performance of China's newly partially privatized firms [J]. Journal of Financial Economics, 2007, 84 (2): 330-357.

[158] Wong S H – W. Political Connections and Firm Performance: The Case of Hong Kong [J]. Journal of East Asian Studies, 2010, 10 (2): 275-313.

[159] 贾明, 张喆. 高管的政治关联影响公司慈善行为吗? [J]. 管理世

界, 2010, (04): 99-113, 187.

[160] 李慧云, 符少燕, 方怡然. 民营企业政治关联的信息披露效应——基于碳信息披露的经验证据 [J]. 中国软科学, 2021, (07): 184-192.

[161] Kyle A S, Wang F A. Speculation duopoly with agreement to disagree: Can overconfidence survive the market test? [J]. The Journal of Finance, 1997, 52 (5): 2073-2090.

[162] Camerer C, Lovallo D. Overconfidence and excess entry: An experimental approach [J]. American economic review, 1999, 89 (1): 306-318.

[163] Gervais S, Odean T. Learning to be overconfident [J]. Review of Financial Studies, 2001, 14 (1): 1-27.

[164] Clayson D E. Performance overconfidence: metacognitive effects or misplaced student expectations? [J]. Journal of Marketing Education, 2005, 27 (2): 122-129.

[165] Ben-David I, Graham J R, Harvey C R. Managerial miscalibration [J]. The Quarterly journal of economics, 2013, 128 (4): 1547-1584.

[166] Landier A, Thesmar D. Financial Contracting with Optimistic Entrepreneurs [J]. Review of Financial Studies, 2009, 22 (1): 117-150.

[167] Bernardo A E, Welch I. On the evolution of overconfidence and entrepreneurs [J]. Journal of Economics & Management Strategy, 2001, 10 (3): 301-330.

[168] Xiao Q, Chen L, Xie M, Wang C. Optimal contract design in sustainable supply chain: Interactive impacts of fairness concern and overconfidence [J]. Journal of the Operational Research Society, 2021, 72 (7): 1505-1524.

[169] Spencer H, Spencer H. The principles of psychology [M]. Williams and Norgate London, 1870.

[170] Higgins E T, Bargh J A. Social cognition and social perception [J]. Annual review of psychology, 1987, 38 (1): 369-425.

[171] Simon H A. Rationality as process and as product of thought [J]. The American economic review, 1978, 68 (2): 1-16.

[172] Ocasio W. Towards an attention-based view of the firm [J]. Strategic management journal, 1997, 18 (S1): 187-206.

[173] Ocasio W. Attention to attention [J]. Organization science, 2011, 22 (5): 1286-1296.

[174] 冯健, 戴维奇, 周丹. 高管团队职能背景与公司创业投资: 注意力焦点的中介作用 [J]. 管理评论, 2022, 34 (12): 121-130.

[175] Alford R R. Powers of Theory: Capitalism, The State, and Democracy [J]. 1985, 32 (2): 91-93.

[176] Lincoln J R. The New Institutionalism in Organizational Analysis [J]. Social Forces, 1995, 73 (3): 1147-1149.

[177] Thornton P H, Ocasio W. Institutional logics and the historical contingency of power in organizations: Executive succession in the higher education publishing industry, 1958-1990 [J]. American Journal of Sociology, 1999, 105 (3): 801-843.

[178] Zhou K Z, Gao G Y, Zhao H. State Ownership and Firm Innovation in China: An Integrated View of Institutional and Efficiency Logics [J]. Administrative Science Quarterly, 2017, 62 (2): 375-404.

[179] Liu L, Zhang C. Organizational Structure Change and Hybridity: Enhancing Uncertainty as a Response to Competing and Changing Institutional Logics [J]. Frontiers in Psychology, 2022, 13: 1-12.

[180] Ngoye B, Sierra V, Ysa T. Different Shades of Gray: A Priming Experimental Study on How Institutional Logics Influence Organizational Actor Judgment [J]. Public Administration Review, 2019, 79 (2): 256-266.

[181] Galwa J, Vogel R. In search of legitimacy: conflicting logics and identities of management consultants in public administration [J]. Public Management Review, 2023, 25 (2): 404-428.

[182] 李晓丹, 刘洋. 制度复杂理论研究进展及对中国管理研究的启示 [J]. 管理学报, 2015, 12 (12): 1741-1753.

[183] 邓少军, 芮明杰, 赵付春. 组织响应制度复杂性: 分析框架与研

究模型 [J]. 外国经济与管理, 2018, 40 (08): 3 - 16, 29.

[184] 吴丹红, 王德发, 杨元. 制度复杂性与企业社会责任报告策略反应——基于多元制度逻辑的视角 [J]. 会计研究, 2021, (08): 68 - 82.

[185] Smets M, Jarzabkowski P, Burke G T, Spee P. Reinsurance trading in lloyd's of london: Balancing conflicting - yet - complementary logics in practice [J]. Academy of Management Journal, 2015, 58 (3): 932 - 970.

[186] Dahlmann F, Grosvold J. Environmental Managers and Institutional Work: Reconciling Tensions of Competing Institutional Logics [J]. Business Ethics Quarterly, 2017, 27 (2): 263 - 291.

[187] Chi Y, Hu N, Lu D, Yang Y. Green investment funds and corporate green innovation: From the logic of social value [J]. Energy Economics, 2023, 119: 1 - 13.

[188] Yang Y, Jiang Y, Yang Y. Institutional logics and organizational green transformation: Evidence from the agricultural industry in emerging economies [J]. Journal of Environmental Management, 2024, 370: 1 - 12.

[189] A. Armenakis A, G. Bedeian A, 陈福军, 吴晓巍. 组织变革: 20 世纪 90 年代的理论与研究综述 [J]. 管理世界, 2010, (10): 158 - 166.

[190] Lewin K. Defining the "field at a given time." [J]. Psychological review, 1943, 50 (3): 292 - 294.

[191] Mueller M M M, Boehm K L, Renz E. Pay or nudge employees into change? A theoretical and experimental investigation of the effect of nudging for organizational change [J]. Managerial and Decision Economics, 2023, 44 (6): 3666 - 3695.

[192] Al - Nakeeb A a R, Ghadi M Y. Human Resource Management Practices for Effective Organizational Change: A Review of Research in Western and Non - Western Countries [J]. Foundations of Management, 2024, 16 (1): 7 - 24.

[193] Wang Y, Wang K Y. How do firms tackle strategic change? A theoretical model of the choice between dynamic capability - based and ad hoc problem - solving approaches [J]. Journal of Organizational Change Management, 2017, 30 (5):

725 - 743.

[194] Andrus J L, Scoresby R B, Lee J, Rainville A B, Smith R M, Syed I. Taking Charge as a Contextual Cue: How New CEO Regulatory Focus Influences Strategic Change [J]. Journal of Management, 2023.

[195] Richard O C, Wu J, Markoczy L A, Chung Y. Top management team demographic-faultline strength and strategic change: What role does environmental dynamism play? [J]. Strategic Management Journal, 2019, 40 (6): 987 - 1009.

[196] 林海芬, 胡严方. 从恶性循环到良性循环: 组织变革中授权与控制悖论动态演化研究 [J]. 管理世界, 2023, 39 (11): 191 - 216.

[197] 彭新敏, 慈建栋, 刘电光. 危机情境下组织韧性形成过程研究: 基于注意力配置视角 [J]. 科学学与科学技术管理, 2022, 43 (06): 145 - 160.

[198] Casciaro T, Piskorski M J. Power imbalance, mutual dependence, and constraint, absorption: A close look at resource dependence theory [J]. Administrative Science Quarterly, 2005, 50 (2): 167 - 199.

[199] Hillman A J, Withers M C, Collins B J. Resource Dependence Theory: A Review [J]. Journal of Management, 2009, 35 (6): 1404 - 1427.

[200] Drees J M, Heugens P P M a R. Synthesizing and Extending Resource Dependence Theory: A Meta - Analysis [J]. Journal of Management, 2013, 39 (6): 1666 - 1698.

[201] 林润辉, 谢宗晓, 李娅, 王川川. 政治关联、政府补助与环境信息披露——资源依赖理论视角 [J]. 公共管理学报, 2015, 12 (02): 30 - 41, 154 - 155.

[202] 白旭云, 王砚羽, 苏欣. 研发补贴还是税收激励——政府干预对企业创新绩效和创新质量的影响 [J]. 科研管理, 2019, 40 (06): 9 - 18.

[203] 张铂晨, 赵树宽. 政府补贴对企业绿色创新的影响研究——政治关联和环境规制的调节作用 [J]. 科研管理, 2022, 43 (11): 154 - 162.

[204] 王旭, 王兰. 难辞其咎的大股东: 绿色创新导向下政府补贴对绿色创新驱动乏力的新解释 [J]. 研究与发展管理, 2020, 32 (02): 24 - 36.

[205] 王旭, 王非. 无米下锅抑或激励不足? 政府补贴、企业绿色创新

与高管激励策略选择 [J]. 科研管理, 2019, 40 (07): 131-139.

[206] Zhang C, Zhou B, Tian X. Political connections and green innovation: The role of a corporate entrepreneurship strategy in state-owned enterprises [J]. Journal of Business Research, 2022, 146: 375-384.

[207] Liu S, Du J, Zhang W, Tian X, Kou G. Innovation quantity or quality? The role of political connections [J]. Emerging Markets Review, 2021, 48: 1-14.

[208] Wang D, Sutherland D, Ning L, Wang Y, Pan X. Exploring the influence of political connections and managerial overconfidence on R&D intensity in China's large-scale private sector firms [J]. Technovation, 2018, 69: 40-53.

[209] Liu G, Xin G, Li J. Making political connections work better: Information asymmetry and the development of private firms in China [J]. Corporate Governance - an International Review, 2021, 29 (6): 593-611.

[210] Hambrick D C, Mason P A. Upper echelons: The organization as a reflection of its top managers [J]. Academy of management review, 1984, 9 (2): 193-206.

[211] Zhang Y, Zhao Y, Zheng Q. Managerial climate attention and corporate carbon emissions: Sincerity or disguise? [J]. International Review of Economics & Finance, 2024, 94: 1-19.

[212] Zhang L, Ren S, Chen X, Li D, Yin D. CEO Hubris and Firm Pollution: State and Market Contingencies in a Transitional Economy [J]. Journal of Business Ethics, 2020, 161 (2): 459-478.

[213] 吴建祖, 华欣意. 高管团队注意力与企业绿色创新战略——来自中国制造业上市公司的经验证据 [J]. 科学学与科学技术管理, 2021, 42 (09): 122-142.

[214] 刘军, 黄解宇, 曹利军. 金融集聚影响实体经济机制研究 [J]. 管理世界, 2007, (04): 152-153.

[215] 刘畅, 潘慧峰, 李珮, 冯雅欣. 数字化转型对制造业企业绿色创新效率的影响和机制研究 [J]. 中国软科学, 2023, (04): 121-129.

[216] 马龙龙. 企业社会责任对消费者购买意愿的影响机制研究 [J].

管理世界, 2011, (05): 120-126.

[217] 陈思, 何文龙, 张然. 风险投资与企业创新: 影响和潜在机制 [J]. 管理世界, 2017, (01): 158-169.

[218] 郭韬, 丁小洲, 乔晗, 张春雨. 价值网络对科技型创业企业商业模式创新影响机制的系统动力学仿真分析——基于系统管理与CET@I方法论视角 [J]. 管理评论, 2020, 32 (07): 41-53.

[219] 张明, 蓝海林, 陈伟宏, 曾萍. 殊途同归不同效: 战略变革前因组态及其绩效研究 [J]. 管理世界, 2020, 36 (09): 168-186.

[220] 陈力田, 吴蕊, 张青, 王书瑶. 多重制度压力下"战略柔性-环境伦理"匹配对企业绿色创新路径的影响——基于模糊集质性比较研究方法 [J]. 管理评论, 2023, 35 (09): 116-126.

[221] 杨林, 和欣, 顾红芳. 高管团队经验、动态能力与企业战略突变: 管理自主权的调节效应 [J]. 管理世界, 2020, 36 (06): 168-188, 201-252.

[222] 陈伟宏, 钟熙, 蓝海林, 周荷晖. 探索还是防御? CEO过度自信与企业战略导向 [J]. 科学学与科学技术管理, 2019, 40 (05): 17-33.

[223] 宋云玲, 吕佳宁, 黄晓蓓, 刘向伟. 管理者动态过度乐观与业绩预告质量 [J]. 管理评论, 2022, 34 (05): 188-201.

[224] 苏芳, 毛基业. 应对环境变化的战略路径转换过程: 内外部正反馈和管理者刻意行为的影响 [J]. 管理世界, 2019, 35 (10): 172-185, 220.

[225] Perini L, Carneiro J, Miller K D. Strategic inertia and renewal: Contrasting responses to market changes [J]. Long Range Planning, 2024, 57 (3): 1-17.

[226] 朱雪春, 潘静. 环境动态性、组织学习与合法性如何驱动绿色创新?——基于fsQCA的组态效应研究 [J]. 科学与管理, 2023, 43 (05): 61-69, 111.

[227] Pan X, Chen X, Sinha P, Dong N. Are firms with state ownership greener? An institutional complexity view [J]. Business Strategy and the Environment, 2020, 29 (1): 197-211.

[228] 彭俞超, 韩珣, 李建军. 经济政策不确定性与企业金融化 [J].

中国工业经济, 2018, (01): 137-155.

[229] 张成思, 刘贯春. 中国实业部门投融资决策机制研究——基于经济政策不确定性和融资约束异质性视角 [J]. 经济研究, 2018, 53 (12): 51-67.

[230] 彭涛, 黄福广, 孙凌霞. 经济政策不确定性与风险承担: 基于风险投资的证据 [J]. 管理科学学报, 2021, 24 (03): 98-114.

[231] 于飞, 肖成, 张明伟, 胡查平. 制造企业绿色创新对政府支持的影响机制——合法性的中介作用 [J]. 科技进步与对策, 2021, 38 (09): 90-99.

[232] Saebi T, Lien L, Foss N J. What Drives Business Model Adaptation? The Impact of Opportunities, Threats and Strategic Orientation [J]. Long Range Planning, 2017, 50 (5): 567-581.

[233] 苏钟海, 魏江, 胡国栋. 企业战略更新与组织结构变革协同演化机理研究 [J]. 南开管理评论, 2023, 26 (02): 61-72.

[234] Setiarini A, Gani L, Diyanty V, Adhariani D. Strategic orientation, risk-taking, corporate life cycle and environmental, social and governance (ESG) practices: Evidence from ASEAN countries [J]. Business Strategy and Development, 2023, 6 (3): 491-502.

[235] Funke A, Wilden R, Gudergan S. Only senior managers lead business model innovation, or do they? Levels of management and dynamic capability deployment [J]. Industrial Marketing Management, 2023, 114: 181-195.

[236] 余义勇, 杨忠. 动态情境下企业如何克服组织惯性以实现持续成长?——基于"情境—认知—行动"分析框架 [J]. 管理世界, 2022, 38 (12): 159-177.

[237] 张璐, 梁丽娜, 苏敬勤, 长青, 张强. 创业企业如何实现动态能力的演进——基于多层级认知与行为协奏视角的案例研究 [J]. 管理评论, 2021, 33 (08): 341-352.

[238] 吴小节, 陈晓纯, 彭韵妍, 汪秀琼. 制度环境不确定性对企业纵向整合模式的影响机制: 认知偏差与动态能力的作用 [J]. 管理评论, 2019, 31 (06): 169-185.

[239] 李旭文, 齐中英. 认知视角下企业战略变革过程中的冲突形成研

究 [J]. 管理评论, 2019, 31 (04): 162-174.

[240] Cherrafi A, Garza-Reyes J A, Kumar V, Mishra N, Ghobadian A, Elfezazi S. Lean, green practices and process innovation: A model for green supply chain performance [J]. International Journal of Production Economics, 2018, 206: 79-92.

[241] Yuan B, Cao X. Do corporate social responsibility practices contribute to green innovation? The mediating role of green dynamic capability [J]. Technology in Society, 2022, 68: 1-18.

[242] 魏谷, 孙启新. 组织资源、战略先动性与中小企业绩效关系研究——基于资源基础观的视角 [J]. 中国软科学, 2014, (09): 117-126.

[243] 张志朋, 李朋波, 周禹, 刘光建, 刘周浩. 组织变革视角下企业价值分享的动力机制与构型——基于华为和万科的双案例研究 [J]. 南开管理评论, 2022, 25 (01): 27-40.

[244] 周文斌, 赵素芳. 员工绿色行为多路径驱动机制研究——基于个体感知视角 [J]. 中国工业经济, 2023, (07): 160-179.

[245] 唐贵瑶, 陈琳, 孙玮, 陈梦媛. 如何让员工"爱司所爱, 行司所行"? 基于社会信息处理理论的绿色人力资源管理与员工绿色行为关系研究 [J]. 南开管理评论, 2021, 24 (05): 185-193.

[246] 陈力田, 朱亚丽, 郭磊. 多重制度压力下企业绿色创新响应行为动因研究 [J]. 管理学报, 2018, 15 (05): 710-717.

[247] 魏泽龙, 李明珠, 张琳倩. 悖论认知、战略变革方式与企业绩效: 环境不确定的调节作用 [J]. 科学学与科学技术管理, 2021, 42 (10): 98-118.

[248] Jurado K, Ludvigson S C, Ng S. Measuring uncertainty [J]. American Economic Review, 2015, 105 (3): 1177-1216.

[249] Bond S R, Cummins J G. Uncertainty and investment: An empirical investigation using data on analysts' profits forecasts [J]. Available at SSRN 559528, 2004: 1-20.

[250] Ozturk E O, Sheng X S. Measuring global and country-specific uncertainty [J]. Journal of International Money and Finance, 2018, 88: 276-295.

[251] Bhattacharya U, Hsu P-H, Tian X, Xu Y. What Affects Innovation More: Policy or Policy Uncertainty? [J]. Journal of Financial and Quantitative Analysis, 2017, 52 (5): 1869-1901.

[252] Wang Y, Wei M, Bashir U, Zhou C. Geopolitical risk, economic policy uncertainty and global oil price volatility - an empirical study based on quantile causality nonparametric test and wavelet coherence [J]. Energy Strategy Reviews, 2022, 41: 1-28.

[253] Kelling N K, Sauer P C, Gold S, Seuring S. The Role of Institutional Uncertainty for Social Sustainability of Companies and Supply Chains [J]. Journal of Business Ethics, 2021, 173 (4): 813-833.

[254] Bachmann R, Elstner S, Sims E R. Uncertainty and Economic Activity: Evidence from Business Survey Data [J]. American Economic Journal - Macroeconomics, 2013, 5 (2): 217-249.

[255] Leduc S, Liu Z. Uncertainty shocks are aggregate demand shocks [J]. Journal of Monetary Economics, 2016, 82: 20-35.

[256] Baker S R, Bloom N, Davis S J, Wang X. Economic policy uncertainty in China [J]. unpublished paper, University of Chicago, 2013.

[257] Davis S J, Liu D, Sheng X S. Economic policy uncertainty in China since 1949: The view from mainland newspapers [J]. Fourth Annual IMF - Atlanta Fed Research Workshop on China's Economy Atlanta, 2019, 19: 1-37.

[258] Huang Y, Luk P. Measuring economic policy uncertainty in China [J]. China Economic Review, 2020, 59: 1-16.

[259] Pfister C, Koomen M, Harhoff D. Regional innovation effects of applied research institutions [J]. Research Policy, 2021, 50 (4): 1-19.

[260] Pan C, Dong C. Quantity or quality? The impacts of environmental regulation and government R&D funding on green technology innovation: evidence from China [J]. Applied Economics Letters, 2023: 1-5.

[261] 刘祎, 尹云龙, 杨旭. 数量或质量: 环境信息披露对绿色创新的影响 [J]. 科研管理, 2024, 45 (04): 166-174.

[262] Huang H, Mbanyele W, Wang F, Song M, Wang Y. Climbing the quality ladder of green innovation: Does green finance matter? [J]. Technological Forecasting and Social Change, 2022, 184: 1 - 20.

[263] Triana M D C, Richard O C, Su W. Gender diversity in senior management, strategic change, and firm performance: Examining the mediating nature of strategic change in high tech firms [J]. Research Policy, 2019, 48 (7): 1681 - 1693.

[264] 段晓红, 李琪, 向龙斌, 罗杨. 资源拼凑对突破性创新的影响研究——战略变革的中介作用 [J]. 国土资源科技管理, 2021, 38 (05): 14 - 24.

[265] Luoma J, Martela F. A dual - processing view of three cognitive strategies in strategic decision making: Intuition, analytic reasoning, and reframing [J]. Long Range Planning, 2021, 54 (3): 1 - 15.

[266] Ma Y - R, Liu Z, Ma D, Zhai P, Guo K, Zhang D, Ji Q. A news - based climate policy uncertainty index for China [J]. Scientific Data, 2023, 10 (1): 1 - 8.

[267] Ren Y - S, Klein T, Jiang Y. Monetary policy uncertainty and green investment decisions: A cross - national spillover perspective [J]. International Review of Financial Analysis, 2024, 96: 1 - 13.

[268] Cao T, Hu Y. Can Trade Policy Uncertainty Drive Green Innovation? Empirical Evidence From the US - China Trade War [J]. Australian Economic Papers, 2024: 1 - 14.

[269] Hu Y, Bai W, Farrukh M, Koo C K. How does environmental policy uncertainty influence corporate green investments? [J]. Technological Forecasting and Social Change, 2023, 189: 1 - 12.

[270] 柏聪. 财政政策对企业投资效率的影响研究 [J]. 中国商论, 2022, (24): 128 - 130.

[271] 于文超, 高楠, 龚强. 政贵有恒: 经济政策不确定性对企业非生产性支出的影响 [J]. 经济学 (季刊), 2022, 22 (02): 425 - 444.

[272] Yuan T, Wu J, Qin N, Xu J. Being nice to stakeholders: The effect

of economic policy uncertainty on corporate social responsibility [J]. Economic Modelling, 2022, 108: 1 – 14.

[273] Huang J, Zheng K, Han C. Green finance and enterprise green innovation: incentive effect and synergy perspective [J]. Environment Development and Sustainability, 2024, 26 (11): 28107 – 28129.

[274] Liang L, Li Y. How does organizational resilience promote firm growth? The mediating role of strategic change and managerial myopia [J]. Journal of Business Research, 2024, 177: 1 – 13.

[275] 黄永春, 晁一方, 彭荣. 高管团队薪酬差距、企业战略变革与突破性创新——内部控制的调节作用 [J]. 科学学与科学技术管理, 2022, 43 (05): 161 – 177.

[276] Zhang H, Yuan S. How and When Does Big Data Analytics Capability Boost Innovation Performance? [J]. Sustainability, 2023, 15 (5): 1 – 19.

[277] Miroshnychenko I, Strobl A, Matzler K, De Massis A. Absorptive capacity, strategic flexibility, and business model innovation: Empirical evidence from Italian SMEs [J]. Journal of Business Research, 2021, 130: 670 – 682.

[278] Zhang W, Qin C, Zhang W. Top management team characteristics, technological innovation and firm's greenwashing: Evidence from China's heavy – polluting industries [J]. Technological Forecasting and Social Change, 2023, 191: 1 – 22.

[279] Khanchel I, Lassoued N, Khiari C. Watch me invest: Does CEO narcissism affect green innovation? CEO personality traits and eco – innovation [J]. Business Ethics the Environment & Responsibility, 2024, 33 (3): 486 – 504.

[280] 海本禄, 高庆祝, 尹西明, 杨君笑. 高管过度自信、研发投入跳跃与企业绩效——来自中国上市公司的经验证据 [J]. 科技进步与对策, 2020, 37 (12): 136 – 145.

[281] Meissner P, Poensgen C, Wulf T. How hot cognition can lead us astray: The effect of anger on strategic decision making [J]. European Management Journal, 2021, 39 (4): 434 – 444.

[282] 马美婷, 吴小节, 汪秀琼. 高管团队技术印记与企业绿色双元创新——环境注意力的中介作用 [J]. 系统管理学报, 2023, 32 (05): 976-994.

[283] Martinez-Falco J, Sanchez-Garcia E, Marco-Lajara B, Lee K. Green intellectual capital and environmental performance: identifying the pivotal role of green ambidexterity innovation and top management environmental awareness [J]. Journal of Intellectual Capital, 2024, 25 (2/3): 380-401.

[284] Makhloufi L, Djermani F, Meirun T. Mediation-moderation model of green absorptive capacity and green entrepreneurship orientation for corporate environmental performance [J]. Management of Environmental Quality, 2024, 35 (1): 139-157.

[285] 应千伟, 何思怡. 政府研发补贴下的企业创新策略:"滥竽充数"还是"精益求精"[J]. 南开管理评论, 2022, 25 (02): 57-69.

[286] 郭玥. 政府创新补助的信号传递机制与企业创新 [J]. 中国工业经济, 2018, (09): 98-116.

[287] 王旭, 杨有德, 王兰. 信息披露视角下政府补贴对绿色创新的影响: 从"无的放矢"到"对症下药"[J]. 科技进步与对策, 2020, 37 (15): 135-143.

[288] 罗喜英, 刘伟. 政治关联与企业环境违规处罚: 庇护还是监督——来自IPE数据库的证据 [J]. 山西财经大学学报, 2019, 41 (10): 85-99.

[289] 王福胜, 王也, 刘仕煜. 媒体关注、管理者过度自信对盈余管理的影响研究 [J]. 管理学报, 2022, 19 (06): 832-840.

[290] Yang H, Shi X, Shah S G M. Can heterogeneous media attention invigorate green technological innovation: A moderating role of chief executive officer narcissism [J]. Corporate Social Responsibility and Environmental Management, 2024: 1-19.

[291] Hu S, Chen Y, Wu H, Sun D. Fostering green-tech innovation through digitalization: the role of legitimacy and CEO characteristics. An empirical study of China's listed companies [J]. Journal of Environmental Planning and Management, 2024: 1-29.

[292] Magerakis E, Habib A. Environmental uncertainty and corporate cash holdings: The moderating role of CEO ability [J]. International Review of Finance, 2022, 22 (3): 402-432.

[293] Ahia B N K, Song N, Anafo S A, Boakye E A. A Story Conveyed for Emerging Economies: The Transitivity Effects of Subsidy, R&D, and Innovation Within Manufacturing Industries [J]. Ieee Transactions on Engineering Management, 2022, 69 (6): 3352-3366.

[294] Yasmeen R, Tao R, Jie W, Padda I U H, Shah W U H. The repercussions of business cycles on renewable & non-renewable energy consumption structure: Evidence from OECD countries [J]. Renewable Energy, 2022, 190: 572-583.

[295] 方炜, 郑立明. 生物进化视角下军民融合企业技术转移机制研究 [J]. 科研管理, 2021, 42 (01): 177-188.

[296] 曹裕, 李想, 胡韩莉, 万光羽, 汪寿阳. 数字化如何推动制造企业绿色转型？——资源编排理论视角下的探索性案例研究 [J]. 管理世界, 2023, 39 (03): 96-112, 126, 113.

[297] 连燕玲, 叶文平, 刘依琳. 行业竞争期望与组织战略背离——基于中国制造业上市公司的经验分析 [J]. 管理世界, 2019, 35 (08): 155-172, 191-192.

[298] 翟华云, 刘易斯. 数字金融发展、融资约束与企业绿色创新关系研究 [J]. 科技进步与对策, 2021, 38 (17): 116-124.

[299] Menon A R, Yao D A. Elevating Repositioning Costs: Strategy Dynamics and Competitive Interactions [J]. Strategic Management Journal, 2017, 38 (10): 1953-1963.

[300] 宫兴国, 陆垚, 林春雷. 战略差异度对企业创新绩效的影响：融资约束的中介作用与财务柔性的调节作用 [J]. 科技进步与对策, 2023, 40 (16): 142-152.

[301] 陈凤, 戴博研, 余江. 从追赶到后追赶：中国领军企业关键核心技术突破的目标迁移与组织惯性应对研究 [J]. 科学学与科学技术管理,

2023, 44 (01): 163-182.

[302] 张欢, 高华. 大数据能力、商业模式与物流企业创新绩效: 基于系统动力学的仿真分析 [J]. 管理评论, 2024, 36 (08): 93-104.

[303] 李宁娟, 高山行. 未吸收冗余、环境扫描、探索式创新——基于企业内外部因素调节作用的研究 [J]. 科学学与科学技术管理, 2017, 38 (01): 108-119.

[304] 张洁, 何代欣, 安立仁, 张宸璐. 领先企业开放式双元创新与制度多重性——基于华为和 IBM 的案例研究 [J]. 中国工业经济, 2018, (12): 170-188.

[305] 王朝阳, 张雪兰, 包慧娜. 经济政策不确定性与企业资本结构动态调整及稳杠杆 [J]. 中国工业经济, 2018, (12): 134-151.

[306] Van Zeebroeck N, Kretschmer T, Bughin J. Digital "is" Strategy: The Role of Digital Technology Adoption in Strategy Renewal [J]. Ieee Transactions on Engineering Management, 2023, 70 (9): 3183-3197.

[307] Martinez-Sanchez A, Jose Vela-Jimenez M, Perez-Perez M, De-Luis-Carnicer P. Inter-organizational Cooperation and Environmental Change: Moderating Effects between Flexibility and Innovation Performance [J]. British Journal of Management, 2009, 20 (4): 537-561.

[308] 肖静华, 吴小龙, 谢康, 吴瑶. 信息技术驱动中国制造转型升级——美的智能制造跨越式战略变革纵向案例研究 [J]. 管理世界, 2021, 37 (03): 161-179, 225+111.